George Mikes
Reich mit leeren Taschen

George Mikes

# Reich mit leeren Taschen

Mit Illustrationen
von Karl-H. Volkmann

Econ Verlag
Düsseldorf · Wien

Titel der englischen Originalausgabe:
How to be Poor
Originalverlag: André Deutsch Ltd., London
Übersetzt von Gernot Barschke
Copyright © 1983 by George Mikes

1. Auflage 1983
Copyright © 1983 der deutschen Ausgabe
by Econ Verlag GmbH, Düsseldorf und Wien
Alle Rechte der Verbreitung, auch durch Film,
Funk und Fernsehen, fotomechanische Wiedergabe,
Tonträger jeder Art, auszugsweisen Nachdruck oder
Einspeicherung und Rückgewinnung in Datenverarbeitungs-
anlagen aller Art, sind vorbehalten.
Gesetzt aus der Times der Firma Hell
Papier: Papierfabrik Schleipen GmbH, Bad Dürkheim
Gesamtherstellung: Bercker, Kevelaer
Printed in Germany
ISBN 3 430 16724 8

*Dieses Buch ist meinem Freund
und Verleger André Deutsch gewidmet,
mit dessen gütiger Hilfe ich es geschafft habe,
arm zu bleiben.*

# INHALT

# Wollen Sie wirklich arm sein?
## (Statt einer Einleitung)

Mein ganzes Leben lang bin ich vor dem Geld davongelaufen. Insgesamt gesehen war ich dabei recht erfolgreich.

Mißverstehen Sie mich nicht. Ich will nicht sagen, daß ich gleichgültig gegenüber Geld bin oder daß es mir egal ist, ob ich welches habe oder nicht. Das ist mir keineswegs egal. Ich will nämlich kein Geld haben! Nun sollte nicht etwa der Gedanke aufkommen, ich wäre nicht materialistisch veranlagt und strebte stetig nach höheren Dingen. Mein Geist beschäftigt sich sehr oft mit dem Geld, jedoch nur – um es zu verabscheuen. Dieser heftige Widerwille scheint auf Gegenseitigkeit zu beruhen. Wir – das Geld und ich – nicken uns manchmal zu, aber das ist auch schon alles.

Die Protzerei mit den eigenen Reichtümern – und eigentlich schon das bloße Verlangen danach, reich zu werden, ist für mich immer die verwerflichste Sünde gewesen. Instinktiv habe ich wohlhabende Leute gemieden; natürlich, ich habe auch Ausnahmen gemacht. Einige meiner besten Freunde sind stinkreich, doch sie mußten sich bewähren, bevor sie akzeptiert wurden: Sie mußten meinen angeborenen Argwohn und meinen Widerwillen überwinden. Personen, die Geld geerbt haben, akzeptiere ich eher; denn sie können nichts dafür, die armen Geschöpfe. Mir ist es niemals in den Sinn gekommen, die Söhne wegen der Sünden ihrer Väter zu verurteilen, besonders dann nicht, wenn sie sich wirklich bemühen – was ich oft erlebt habe –, die Früchte eines von Habgier und Geiz geprägten Lebens im Laufe von ein oder zwei Jahren zu verschleudern. Aber diejenigen Leute, die tatsächlich bestrebt sind, Geld zu machen, die stolz darauf sind, es zu besitzen, und mit ihren unrechtmäßigen oder vielleicht sogar auf anständige Weise erhaltenen Einnahmen angeben, haben – um es gelinde auszudrücken – meiner Ansicht nach ein sehr niedriges Niveau erreicht.

Oft habe ich mich gefragt, wo dieser ausgeprägte Widerwille denn herkommt. Ich lernte schon früh, meine stärkeren Gefühle mit äußerstem Mißtrauen zu betrachten. Moralische Entrüstung ist die fragwürdigste von allen sogenannten edlen Emotionen. Nicht gerade selten reagieren wir sehr heftig gegen diejenigen Sünden, die wir im Grunde unseres Herzens, oft ohne uns dessen bewußt zu sein, liebend gerne selber begehen würden – wenn uns nicht die Erziehung oder vielleicht Feigheit dazu gebracht hätte, das Verlangen danach zu unterdrücken. Zugegeben, es kann sein, daß meine Überempfindlichkeit gegenüber reichen Leuten auf das niedrigste Motiv zurückgeht. Es ist gut möglich, daß – wie jede andere – auch meine Seele dunkle Geheimnisse verborgen hält. Vielleicht besteht eines dieser Geheimnisse darin, daß ich reiche Leute nicht ausstehen kann, weil ich das verzweifelte, unbewußte Verlangen in

mir trage, selbst ein Krösus zu werden, wobei ich kläglich versagt habe. Sollte dies der Fall sein, so handelt es sich um ein derart düsteres Geheimnis, daß es selbst vor mir verborgen bleibt.

Aber ich glaube nicht, daß es so ist, und zwar aus zwei Gründen: 1. Soweit es mir bekannt ist, wollte ich *niemals* reich sein. 2. Meine Familie war einigermaßen wohlhabend, also spielte das Geld bei uns keine beherrschende Rolle. Ich kam in dem ungarischen Dorf Siklos (nun eine Kleinstadt) zur Welt und war erst zehn Jahre alt, als mein Vater – ein Rechtsanwalt und selber Sohn eines Anwalts – starb. Die finanzielle Lage der Familie war in meiner Gegenwart niemals erörtert worden, aber Kinder sind zuweilen recht aufgeweckt, und ich hätte Probleme oder Schwierigkeiten gespürt, wenn sie dagewesen wären. Ich kann mich nicht einmal an Notzeiten während des Ersten Weltkrieges erinnern, und nach Beendigung des Krieges, als Budapest fast am Verhungern war, hatten wir auf dem Lande immer genug zu essen. Nach dem Tod meines Vaters zogen wir nach Budapest, wo meine Mutter einen Arzt heiratete. Mein Stiefvater arbeitete sehr hart. Er besaß eine riesengroße Praxis, sein jährliches Einkommen belief sich umgerechnet auf 12 000 DM: für damalige Verhältnisse eine beträchtliche Summe und in Ungarn ein wirkliches Vermögen. (Ein erfolgreicher Schlager dieser Zeit beschrieb den Traum eines jungen Mannes, in einem Jahr die ungeheure Summe von 960 DM zu verdienen.)

Auch in London bin ich niemals ein armer Emigrant gewesen. Von zwei Zeitungsverlagen hierhergeschickt, brachte ich eine annehmbare Reserve mit und erhielt dann mehr oder weniger regelmäßig mein Gehalt. Zugegeben, es gab eine Zeit – von der Beendigung meines Jobs, als die diplomatischen Beziehungen zwischen Großbritannien und Ungarn abgebrochen wurden, bis ich bei der BBC eine neue Stelle fand –, in der ich wirklich Grund zur Besorgnis gehabt hätte. Aber in dieser Hinsicht bin ich ein miserables Talent. Die Ereignisse auf diplomatischer, politischer und militärischer Ebene nahmen mich so sehr in Anspruch, daß ich keine Aufmerksamkeit für die nichtigen Probleme einer unbedeutenden Einzelperson übrig hatte, auch wenn es sich bei dieser unbedeutenden Person um mich selbst handelte. Ich war mir manchmal nicht sicher, woher ich meine nächste Mahlzeit bekommen sollte, doch immer tauchte sie irgendwo auf. Ich bin nie wirklich hungrig geworden. In der Tat (und mehr darüber später) ist mein Lebensstil immer so ziemlich der gleiche geblieben, ganz egal, ob ich nun keinen Pfennig mehr in der Tasche hatte oder aber recht wohlhabend war.

Ich fasse noch einmal zusammen: In meinen jungen Jahren bin ich niemals arm gewesen, und auch im weiteren Verlauf meines Lebens spielte Geld für mich keine bedeutende Rolle. Warum habe ich nun diese Aversion gegen die Reichen?

Ich erinnere mich dunkel an einige frühe Belehrungen, die weniger durch Worte als durch Verhaltensweisen vermittelt worden sind. Ich bin mir sicher, daß mein Vater, gemäß dem Geist der Zeit, auf die Händler, die Waren billig einkauften und zu einem höheren Preis verkauften, herabblickte. Auch Personen ohne einen akademischen Titel wurden nicht ganz akzeptiert. Man sollte sie höflich behandeln (mit einer gönnerhaften Höflichkeit, versteht sich), sie konnten jedoch niemals Freunde werden. Die besten Freunde meiner Eltern waren, wie das Leben so spielt, ein Holzkaufmann und seine Ehefrau – reizende und überaus gebildete Menschen, jedoch unzweifelhaft Händler und ohne irgendwelche Titel –, aber sie bildeten, wie ich annehme, die berühmte Ausnahme, um die Regel zu bestätigen. Die Händler hatten irgend etwas Komisches an sich – doch weshalb sie für komisch befunden wurden, weiß ich jetzt nicht mehr. Auf der Verstandesebene weise ich all diesen Blödsinn vollkommen zurück, aber tief in meinem Herzen weiß ich, daß ich einen Großteil dieser Einstellungen verinnerlicht habe, und ich denke immer noch, daß Geschäftsleute irgend etwas Komisches an sich haben. Ein humoristischer Schriftsteller geht einem ernsten Gewerbe nach; Plastikbecher zu verkaufen ist lächerlich.

Mitte der sechziger Jahre bin ich nach Jamaika gereist, um über dieses Land ein Buch zu schreiben. Da ich tennissüchtig bin, erhielt ich eine Einladung in den Tennisklub von Kingston, wo ich ein paar Doppel spielte und danach zusammen mit meinen Mitspielern einen Drink nahm. Es handelte sich ausschließlich um Geschäftsleute, ehrgeizige Jungmanager und so. Einer von ihnen wandte sich mir zu, mit einem Whiskyglas in seiner Hand, und sagte: »Ich vertreibe Heißwasserspeicher.«

Für einen kurzen Moment war ich verdutzt, doch dann wurde mir klar, was er meinte. Er sagte noch einmal: »Ich vertreibe Heißwasserspeicher. Und Sie?«

Ich zwang mich dazu, keine witzige Antwort zu geben, und erwiderte höflich: »Ich schreibe.«

Er war verwirrt. Offensichtlich war er noch niemals in seinem Leben einem Schriftsteller begegnet; er machte auf mich den Eindruck, daß er nicht ganz begreifen konnte, was ich soeben gesagt hatte. Er runzelte die Stirn und sah beunruhigt aus. Dann leuchteten seine Augen plötzlich auf, und er fragte mich mit einem verschmitzten Lächeln: »Ein Unter-Schreiber?«

Ich schüttelte meinen Kopf. »Leider nicht. Nur ein Über-Schreiber.«

Ich war noch ein kleiner Junge, als ich jemanden sagen hörte: »Er ist zwei Millionen wert.«

»Woher wissen Sie das?« fragte ich erstaunt.

Der Mann, der diese Feststellung getroffen hatte, zeigte sich belustigt über meine kindliche Unwissenheit und antwortete: »Weil dies die Geldsumme ist, die er besitzt.«

Was damit gemeint war, konnte ich nicht ganz begreifen, da ich noch zu jung war, aber diese Redensart hörte man immer wieder: »Er ist zwei Millionen wert.« Und allmählich dämmerte mir, daß Leute, die derartige Dinge sagten, von der hohen sozialen Stellung eines Juristen nicht beeindrukt waren. Solche Leute beurteilen einen Menschen nicht danach, was er ist, sondern danach, was er hat. Er ist genausoviel »wert« wie das Geld in seiner Brieftache, und es spielt dabei überhaupt keine Rolle, auf welche Weise er es bekommen hat.

Ich bin mir nicht sicher, ob ich ein Heiliger oder nur ein wunderlicher Kauz bin – obwohl natürlich jeder Heiliger irgendwie auch ein wunderlicher Kauz ist. Ich kann nicht (oder sollte besser nicht) den Heiligenschein für mich in Anspruch nehmen; doch zwei-

fellos muß ich zumindest etwas wunderlich sein, weil Dinge, von denen Millionen Menschen sehnsüchtig träumen, mich ganz einfach anwidern.

Ich hatte einen Freund, der ungeheuer stolz auf seinen Schreibtisch war. Dieses Möbelstück war so riesig, daß er kaum bis zur anderen Seite sehen konnte, und es stand auf einem Teppich, der so tief war, daß man sich kaum hindurcharbeiten konnte. Hätte ich den Traum, daß ich hinter diesem Schreibtisch säße, umgeben von diesem Teppich, so würde sich ein Alptraum daraus entwickeln, und ich würde mit kaltem Schweiß bedeckt erwachen (das denke ich mir jedenfalls – ich habe niemals Alpträume).

Weitere Schweißausbrüche bereitet mir die Vorstellung, von einem Chauffeur herumgefahren zu werden, der aus dem Wagen springt, um mir die Tür aufzureißen. Den Rolls-Royce halte ich für ein besonders ordinäres und protziges Fortbewegungsmittel. Angenommen, ich würde morgen Multimillionär werden (zugegebenermaßen ein unwahrscheinlicher Gedanke), nicht einmal dann könnte ich so tief sinken, in einem Rolls herumzufahren.

Ich verabscheue sämtliche Diener, jedoch nicht die einzelnen Personen, sondern die gesellschaftliche Klasse. Kein Mensch sollte einen anderen »bedienen«. Sicherlich, ein sehr beschäftigter Mensch sollte nicht seine eigenen Schuhe putzen oder sein eigenes Essen kochen müssen. Diese Aufgaben können von anderen Leuten als Jobs übernommen werden, dann aber ohne eine Andeutung von Kratzfüßen, Bücklingen oder sonstigen widerlichen Anzeichen von Servilität. Gott sei Dank verschwindet diese Unterwürfigkeit allmählich – nur in den kommunistischen Ländern hält sie sich nach wie vor.

Ich könnte es auch niemals ertragen, der Chef von irgend jemandem zu sein. Ich habe niemals eine Sekretärin beschäftigt. Selbst wenn ich dringend eine Schreibkraft benötigte, verschickte ich meine Manuskripte, um sie von Auftragsbüros tippen zu lassen, und bezahlte die Rechnungen dann mit säuerlicher Miene.

Es kam häufig vor, daß mir von einem Zeitschriften-, Zeitungs- oder einem anderen Verlag ein Flugticket erster Klasse zugestellt wurde. Meistens konnte ich es arrangieren, daß man mir erlaubte, die Economyklasse zu benutzen; für diesen »Abstieg« war ich stets sehr dankbar. Ich bin lieber mit den Passagieren dieser Klasse zusammen; als »Reisender erster Klasse« kann ich mich einfach nicht akzeptieren. Stellen Sie sich vor, man legt Wert darauf, eines dieser Tickets demonstrativ in der Brusttasche zu tragen! Was für ein armseliger Narr muß man sein, wenn man diese Präsentation nötig hat! (Meine Einstellung gilt natürlich auch für Zugfahrten.)

Oft hört man jemanden sagen: »Nur das Beste ist gut genug für mich!« Dies hat mich immer wieder in Erstaunen versetzt. Was meint derjenige damit? Will er zu verstehen geben, daß er einer der besten Menschen auf der Welt ist? Würden die Güter tatsächlich nach dem Verdienst verteilt werden, so wären viele Leute, die diese Redewendung benutzen, entsetzt über den Schrott, den sie wirklich verdienen.

Leute, die goldene Wasserhähne in ihren Badezimmern haben, erregen bei mir nur einen Brechreiz. Sie gehören einer anderen Spezies an – jedenfalls möchte ich das gerne glauben. Doch welcher? Die meisten Tiere, die ich kenne, haben einen klareren Verstand als sie: Tiere beten kein Gold an.

Diese Ablehnung des Reichtums galt (außer bei den Marxisten) bisher als Schrulligkeit, aber es freut mich, zu beobachten, daß größere Teile des westlichen Europas diese Einstellung allmählich übernehmen. Großbritannien ist arm geworden, also ist es hier nun auch »in«, arm zu sein. Das Geld, das reine angehäufte Vermögen, verliert seinen Reiz, und man fängt an, es zu verpönen. Der Reiche wird nicht mehr automatisch verehrt; der erfolgreiche Manager und der einflußreiche Organisator nehmen heute seinen Platz ein. Ich bin mir absolut nicht sicher, ob es sich hierbei um eine positive Veränderung handelt – auf jeden Fall ist es eine Veränderung. Die Kunst der Angabe wird nicht verschwinden, solange die Menschheit nicht verschwunden ist, aber sie nimmt immer neue Formen an. Der Hochmut der Neureichen wird durch eine geänderte Wertschätzung des Besitzes verdrängt. Einige haben tatsächlich angefangen, sich auf ihre Armut etwas einzubilden (ich zum Beispiel). Dieser Snobismus der Nichtbesitzenden ist ein kleiner Schritt in die richtige Richtung, denn – und dies ist mein stärkstes Argument – man sollte die Armut nicht resignierend oder gar mit einem trotzigen Achselzucken hinnehmen, sondern stolz darauf sein. Man sollte bestrebt sein, darauf hinzuarbeiten. Man sollte sich aufrichtig wünschen, arm zu sein!

An dieser Stelle muß ich etwas klarstellen: Ich spreche nicht von den Hunger leidenden Bettlern in Indien oder den abgemagerten Kindern der dritten Welt. Auch nicht von den bedauernswerten Ausgestoßenen unserer eigenen Gesellschaft. Sie wären ein Thema für andere Untersuchungen. Ich spreche nur von der respektablen – in der Tat wünschenswerten –

Armut des Mittelstandes, der Armut einer ausgesprochen schweigenden und vornehmen Minderheit.

*Elsa Maxwell,* zu ihrer Zeit gefürchtete New Yorker Gastgeberin und Klatschkolumnistin, hatte einmal bemerkt: »Ich war arm, ich war reich – reich sein war besser.«

Sie lag ziemlich daneben.

Arm sein ist besser!

## Das Elend des Monomanen

Als ich mit der Zeit älter und weiser wurde, verwandelte sich mein Unwille gegen die Reichen in Mitleid. Die ausschlaggebenden Gründe, die zu meinem Gefühlsumschwung geführt haben, will ich im folgenden kurz umreißen: Fast alle reichen Leute sind Monomanen. Es ist schwer zu sagen, was zuerst da war: das Ei oder das Huhn? Wurden sie durch ihr immerwährendes Streben nach Geld – ihre Monomanie – reich, oder machte ihr Reichtum sie zu Monomanen?

Eine hochinteressante Frage, die jedoch kaum zu beantworten ist. Ich kann mir keine Beschäftigung vorstellen, die trostloser, nichtiger und schädlicher ist, als sich über Geld Sorgen zu machen. Von Zeit zu Zeit gerät man (und damit sind wir alle gemeint) in schwere Engpässe, und natürlich fängt man dann das Grübeln darüber an, wie man aus dieser Situation wieder herauskommt. Doch für die meisten von uns handelt es sich um vorübergehende Sorgen, vergleichbar mit einem schmerzenden Zeh oder einer leichten Delle im Kotflügel des Autos. Diese Besorgnisse sind jedoch keine bestimmenden Grundzüge in unserem Leben. Und wenn man in Armut leben sollte, so sind die finanziellen Sorgen natürlich gerechtfertigt: Es ist weitaus ehrbarer, sich über Geld zu beunruhigen, was man nicht hat, als über Geld, das man hat.

Die Reichen mögen vielleicht vorbringen, daß sie sich ständig in der Gefahr befinden, ihre Reichtümer zu verlieren. Na und? Ich befinde mich ständig in der Gefahr, meine Armut zu verlieren. Irgendeines meiner Bücher könnte plötzlich zum Bestseller werden und mir ein ungeahntes Vermögen einbringen. Ich male diese bedrohliche Situation noch weiter aus: Ich habe gerade ein Stück geschrieben, das in sechs Monaten – von dem Tag an gerechnet, an dem ich dieses hier schreibe – aufgeführt werden soll. Bühnenstücke sind noch viel gefährlicher als Bücher. Soweit ich weiß, kann das Geld bald in einer unkontrollierbaren Flut aus fünf Kontinenten über mich hereinbrechen.

Wirklich, Gefahren lauern überall. Als ich in St. John's Wood wohnte, wurde in meiner unmittelbaren Nachbarschaft, in der Hamilton Terrace, ein Haus zum Verkauf angeboten. Es handelte sich um ein riesiges Gebäude, für das (umgerechnet) nur 3 200 DM gefordert wurden – selbst in der damaligen Zeit, kurz nach Beendigung des Zweiten Weltkrieges, keine allzu große Summe. Der Grund für diesen niedrigen Preis war, daß sich in diesem Haus ein Steueramt befand, und wie kann man es schon schaffen, ein Steueramt herauszubekommen? Meine Frau meinte, daß wir das Haus kaufen sollten. Ich wollte nichts davon hören. Ich verspürte nicht die geringste Lust dazu, Hauseigentümer zu werden (obwohl mir die Vorstellung sehr gefiel, Hauswirt von Steuerprüfungsbeamten zu sein, an denen man sich dann für ihre Belästigungen und Schikanen etwas rächen könnte). Meine Frau bearbeitete mich weiterhin wegen des Hauses, doch – dem Himmel sei Dank – konnte ich widerstehen. Heute befindet sich das Steueramt nicht mehr dort – es verschwand bereits vor einigen Jahrzehnten –, und das Gebäude muß jetzt ungefähr eine Million wert sein. Eine fürchterliche Vorstellung! Dieses ganze Geld hätte sicherlich meinen glänzenden Charakter vollkommen zugrunde gerichtet.

Ich bin mir der Tatsache bewußt, daß ich jeden Augenblick meine Armut verlieren könnte. Doch deswegen bin ich in keinster Weise beunruhigt. Sollte dieser Ernstfall eintreten, so werde ich ihm die Stirn bieten.

Als ich nach Jamaika reiste (siehe Einleitung), erreichte ich das Hotel gleichzeitig mit einem Amerikaner; Einheimische wiesen mich ehrfurchtsvoll darauf hin, daß es sich um einen Multimillionär handelte. Ich ging sofort in mein Zimmer, doch bevor der Amerikaner seins betrat, suchte er das Telefon in der Vorhalle auf und rief seinen Börsenmakler in New York an. (Er telefonierte immer in der Vorhalle mit einer überlauten Stimme, so daß jeder auch die Einzelheiten seines Gesprächs nicht überhören konnte.) Bald stellte sich der Tagesrhythmus ein: Ich arbeitete, während er mit seinem Börsenmakler in New York sprach; ich trank auf der Terrasse genüßlich einen Rumcocktail, während er mit seinem Börsenmakler in Chicago sprach; ich kühlte mich im Schwimmbecken ab, während er sich heiser schrie, als er mit seinem Börsenmakler in Los Angeles telefonierte. Auf diese Weise verlebte er seine Tage. Seine Nächte verbrachte er wahrscheinlich in seinem Zimmer am Telefon, zäh verhandelnd mit Börsenmaklern in Australien und Südafrika. Und als endlich langsam der Morgen dämmerte, telefonierte er garantiert mit seinem Börsenmakler in London.

Ich fragte ihn einmal, warum er denn nach Jamaika gekommen sei. Er meinte zu mir, daß er eine gründliche Erholung nötig hätte. In New York würde er seine ganze Zeit am Telefon verbringen.

Das genaue Gegenteil dieser Einstellung zeigte ein alter Freund von mir, ein Schriftsteller. Nach einigen Jahren im Ausland kehrte er nach England zurück. Er besaß etwas Geld, das er auf Anraten irgendeines Gurus hin in Kriegsanleihen investierte. Gelegentlich fragte ich ihn, wie es um seine Kriegsanleihen stand, worauf er jedoch nur eine verärgerte Antwort vor sich hin murmelte. Einige Monate später teilte er mir mit, daß er seine Kriegsanleihen wieder verkauft hatte.

»Aber warum denn? Sie sind nicht gefallen«, bemerkte ich dazu.

»Das stimmt. Aber *ich* bin gefallen. Meiner Ansicht nach bin ich sehr schnell gesunken. Jeden Morgen holte ich mir die Zeitung, und noch bevor ich auf die Schlagzeilen blickte, sah ich nach, wie es um meine Kriegsanleihen stand. Ich war überglücklich, wenn sie um einige Pfennige stiegen, und äußerst niedergeschlagen, wenn sie etwas fielen. Mit der Zeit wurde ich sehr ärgerlich über mich selbst. Ich merkte, daß ich ruiniert sein würde, wenn ich ein Typ wäre, der jeden Morgen losjagt, um zu sehen, wie seine Kriegsanleihen stehen. So habe ich sie verkauft und mein Geld bei einer Baugenossenschaft angelegt.«

Dann runzelte er die Stirn und fragte mich: »Woher wußtest du eigentlich, daß die Kriegsanleihen nicht gefallen sind?«

Ich schlug die Augen nieder. »Ich habe auch regelmäßig nachgesehen. Wegen dir. Bevor ich die Schlagzeilen gelesen habe. Ich bin froh, daß du diese üblen Dinger wieder verkauft hast. Zur Hölle mit Kriegsanleihen!«

Wir waren der gleichen Meinung. Des weiteren bemerkten wir, daß irgend etwas an dieser ganzen Sache nicht stimmte: Der Krieg war nun seit geraumer Zeit beendet worden, also sollten die Kriegsanleihen doch nun langsam zurückbezahlt werden.

Der Besitz eines Vermögens verändert und ruiniert den Charakter eines Menschen. Viele reiche Leute verspüren eine leichte Ahnung dieses Sachverhalts und lassen sich einige schwache Kunstgriffe einfallen, um diese Problematik zu umgehen. Am weitesten verbreitet ist, daß reiche Männer (und Frauen) darauf bestehen, »um ihrer selbst willen« geliebt zu werden und nicht wegen ihres Geldes. Tausende von Romanen, Bühnenstücken und Filmen handeln von diesem unmöglichen Traum.

Diese Wunschvorstellung ist natürlich lächerlich. Erstens sind die Reichen in der Regel nicht liebenswert, also sollten sie froh sein, wenn sie – aus welchem Grunde auch immer – überhaupt von jemandem geliebt werden. Zweitens ist es nicht möglich, jemanden »wegen seines Geldes« zu lieben. Man kann das Geld lieben und sich dabei den Menschen, der dazugehört, mit einverleiben, aber das ist eine ganz andere Sache, als diesen Menschen zu lieben – wegen seines Geldes. Es ist wieder die alte Geschichte von *Plotnik-Diamanten*. Für die wenigen, die sie

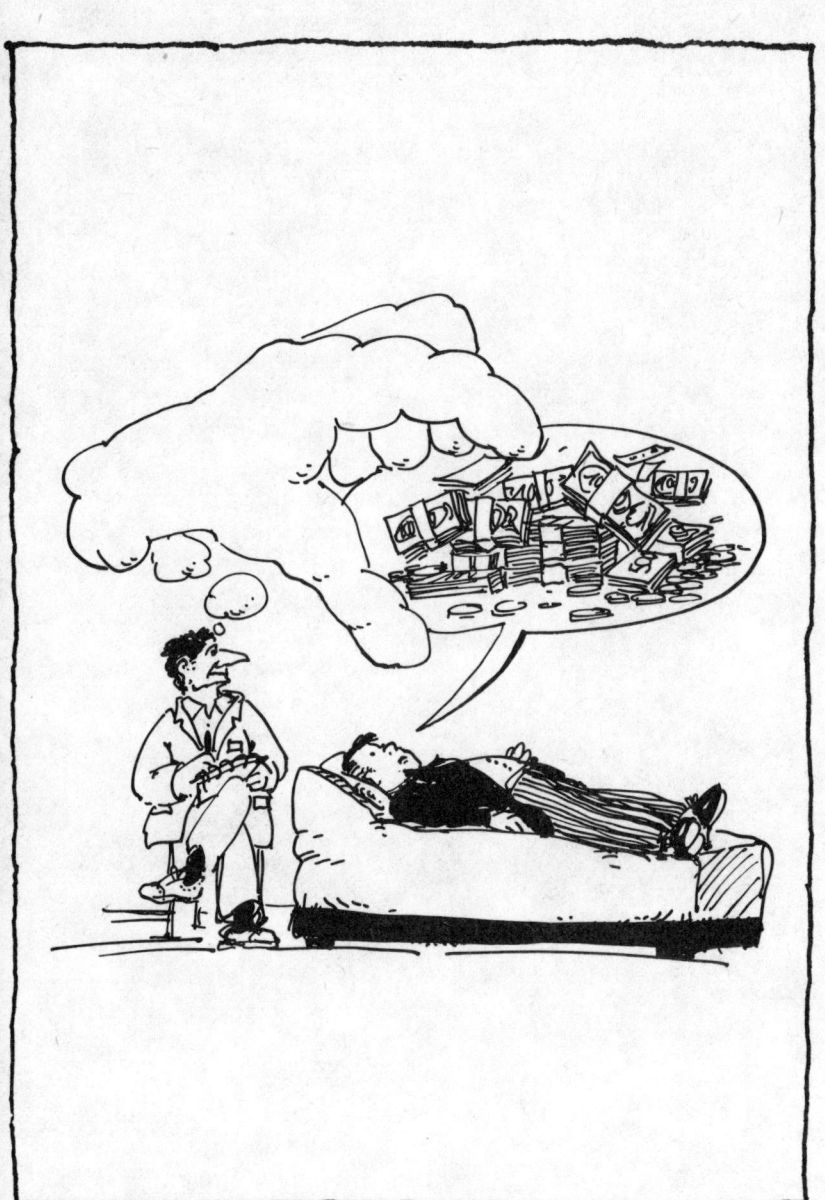

noch nicht kennen, hier ist sie: Zwei gut befreundete New Yorker Damen, die sich seit dem Schulabschluß nicht mehr gesehen haben, treffen sich zufällig und gehen in ein Café, um etwas zu plaudern. Eine von ihnen trägt einen hinreißend schönen Ring. Als ihre Freundin zum fünftenmal wegen dieses Ringes in Verzückung gerät, bemerkt sie, daß sie den berühmten Plotnik-Diamanten wirklich auch sehr schön findet. Die andere ist beeindruckt, gibt jedoch zu, niemals etwas vom Plotnik-Diamanten gehört zu haben, und fragt, warum dieser edle Stein denn so berühmt sei.

»Ja, also erstens, weil er so unglaublich schön ist. Und zweitens – weil ein Fluch auf diesem Stein liegt.«

»Ein Fluch? Was für ein Fluch?«

»Na«, seufzt sie: »Eben Mr. Plotnik!«

Ja, so ist es. Die Plotniks dieser Welt müssen sich eben damit abfinden.

Ein reicher Mensch – und das ist der dritte Punkt – kann sein Vermögen nicht loswerden; genausowenig, wie der Arme seine Armut, der Gesunde seine Robustheit oder ein langer Mensch seine Körpergröße loswerden kann. All diese Dinge sind – oder werden – ein Teil dieser Person. Ohne ihre Armut, ihre Robustheit, ihre Körpergröße – oder ihr Geld wären sie nicht mehr die gleiche Person. Wer einen reichen Menschen liebt, der liebt gleichzeitig (oder akzeptiert widerwillig) sein Geld. Ich könnte eine Frau lieben, *obwohl* sie Geld hat.

Dies alles ist nicht etwa als demütigend anzusehen – diese dämlichen reichen Leute liegen eben ziemlich daneben. Eine reiche Person, die in ihren Privatjet steigen und nach Paris fliegen kann, um ihr

Abendessen im »Grand Vefour« zu sich zu nehmen, unterscheidet sich nun einmal von dem Gitarristen in der U-Bahn-Station Aldgate East, der sich noch nicht ganz sicher ist, woher er seine nächste Käsestulle bekommt.

In meinen jungen Jahren, als ich noch nicht bewußt arm sein wollte, träumte ich von schönen jungen Frauen, die mich wegen meines Geldes lieben. Es kam anders: Sie mußten mich um meiner selbst willen lieben. Arme Geschöpfe!

## Vorsicht, Geld!

Das Stück, das ich geschrieben und vorhin erwähnt habe, enthält ein einziges Lied, und das fängt so an:

*»Ein armer Mensch kann nicht frei sein, weil er arm ist; ein reicher Mensch kann nicht frei sein, weil er reich ist.«*

Weise Worte! Ein armer Mensch kann sich jedoch beträchtlich freier fühlen als ein reicher.

Sobald man Eigentum besitzt, beginnt man, sich vor Einbrüchen zu fürchten. Das soll nicht heißen, daß bei Armen nicht eingebrochen wird. Es werden sogar mehr arme Leute bestohlen als reiche, ganz einfach deshalb, weil es sehr viel mehr arme als reiche Leute gibt, während unzählige Einbrüche verübt werden. In meinem Haus wurde zweimal eingebrochen, und da ich diese Erfahrung nicht als besonders angenehm empfand, verwandelte ich das Haus in eine kleine Festung; so wurden zwei weitere Versuche vereitelt. Die Gelegenheitsdiebe, jugendliche Amateure, können nicht hineinkommen; für die Profis gibt es dagegen kaum Probleme, selbst dann nicht, wenn sie es statt auf mein Eingemachtes auf die Geldschränke der Bundesbank abgesehen haben. Kein echter Profi würde sich die Mühe machen, in mein Haus einzubrechen. (Das will ich jedenfalls hoffen.) Aber der Punkt ist nun der, daß ich mich nicht andauernd mit diesem Problem beschäftigen will. Sollte ich eines Tages mein Haus ausgeraubt vorfinden, so würde ich einfach »Zur Hölle mit den Scheißkerlen!« sagen – womit ich dann die Einbrecher meine, nicht die Polizisten, die kommen, um alles zu untersuchen, die einen Spezialisten für Fingerabdrücke vorbeischicken, der keine Fingerabdrücke finden wird, und die dann schließlich ihre Ermittlungen, die von vornherein völlig hoffnungslos waren, abschließen. Sie können die Täter nicht finden und wollen es auch gar nicht. Denn sie haben vom Innenminister die strikte Anordnung erhalten, seine bereits beträchtlichen Probleme nicht noch durch die Erhöhung der Häftlingszahl zu vergrößern.

Wenn es zu Einbrüchen kommt, ist der Reiche das Opfer von Spezialisten. Ich habe einige reiche Freunde, in deren Haus jemand eindrang und nur das Silber – nur das wirklich kostbare Silber – mitnahm. Nichts anderes wurde berührt. In weiteren Fällen wurden nur wertvolle Gemälde, Juwelen oder Teppiche gestohlen.

Die wohlhabenden Leute werden so von ewigen Sorgen geplagt, außerdem wird ihre Bewegungsfreiheit ernsthaft eingeschränkt. Man kann sie tatsächlich als Gefangene bezeichnen. Ich kannte einmal ein Ehepaar, das impressionistische und neuere Gemälde sammelte. Die beiden waren extrem reich und sehr erfolgreiche Sammler; in ihrem Haus an der Riviera befanden sich über fünfzig äußerst wertvolle

*Picassos, Matisses, Renoirs* usw., insgesamt ein Wert von mehreren Millionen Mark. Sie waren jedoch derart beunruhigt über Diebe, daß sie nervlich zu Wracks wurden. Die Versicherung kostete ein Vermögen, und dazu kam, daß nicht einmal diese ungeheure Prämie für die Versicherungsgesellschaft ausreichend war, weshalb sie in dem Vertrag eine Klausel verankerte: Das Haus durfte unter keinen Umständen unbeaufsichtigt bleiben; wenn einer der Ehepartner das Haus verließ, mußte der andere dortbleiben. Hausangestellte reichten zur Bewachung nicht aus. Für den Rest ihres Lebens konnten die beiden nicht mehr zusammen ausgehen. In einigen Ehen mag dies für den einen oder für beide Partner eine außerordentliche Wohltat sein; doch selbst dann: Wenn es den Leuen nicht erlaubt ist, zusammen auszugehen – ob sie es nun wollen oder nicht –, so sind sie nicht frei.

Ist es denn überhaupt nötig, Dutzende von wertvollen Gemälden in seinem Haus hängen zu haben? Ein oder zwei gute Bilder können das Leben schon erhellen, unermeßliche und beständige Freude bereiten; aber in einem Museum zu leben, wenn man reich genug ist, um in einem angenehmen Haus zu wohnen, ist reine Dummheit. Die Dummheit der Reichen. Kein armer Mensch würde auf die Idee kommen, ein Dutzend *Picassos,* ein Dutzend *Matisses* und ein Dutzend *Renoirs* in sein einziges Wohn-Schlaf-Arbeitszimmer zu hängen.

Der wahrhaftig Reiche lebt in der immerwährenden Furcht, daß er oder – noch schlimmer! – seine Kinder gekidnappt werden. So müssen sie Leibwächter anstellen, Schlägertypen und andere unliebsame Zeitgenossen, von denen sie dann ständig begleitet

„Alles haben sie bekommen —
Alles. Und was ist der Dank?
An mein Geld woll'n sie!"

und andauernd an die Gefahr erinnert werden. Arme Leute verbringen ihre Zeit lieber mit guten Freunden oder vertrauten Feinden als mit pensionierten Polizisten, die die meisten von uns nur wenig schätzen. Gelegentlich werden reiche Leute *trotzdem* gekidnappt; doch wenn sie Glück haben, wird ihr Vermögen dann als Lösegeld verlangt. Haben sie Pech, werden sie getötet, oder ihnen werden ein oder zwei Finger abgehackt. Eine sehr unschöne – und vermeidbare – Erfahrung.

Der Steuerflüchtige ist vielleicht die bemitleidenswerteste und lächerlichste Figur von allen. Daß ein Mensch, der es sich leisten könnte, überall zu leben, sich statt dessen aber auf eine kleine Insel zurückzieht, die (obwohl sonnig) sehr langweilig ist, oder sogar in die Schweiz geht, die (obwohl wunderschön) von Schweizern nur so wimmelt – das kann man nur noch als hochgradigen Schwachsinn bezeichnen. Geld sollte trotz allem dazu dienen, sich Vergnügen und nicht Elend zu erkaufen. Was macht es schon, wenn die Erben einige Millionen weniger bekommen? Sie könnten sich glücklich schätzen.

Viele von uns erinnern sich bestimmt noch an den Multimillionär, der mit sechzig (und in einer schlechten gesundheitlichen Verfassung) von seiner liebevollen Familie auf eine karibische Insel geschickt wurde. Dort angekommen, begann sich sein körperlicher Zustand zu verbessern, und der arme Kerl lebte nun bis zu dem beachtlichen Alter von zweiundneunzig Jahren auf dieser Insel. Mit anderen Worten: Er verbrachte mehr als ein Drittel seines Lebens in Einsamkeit und Langeweile – in Einzelhaft sozusagen – an einem Ort, den er wirklich verabscheute; und das alles nur, weil er sehr, sehr reich war.

*»Tu l'as voulu, Georges Dandin.«* – Ich verspüre kein Mitleid für solche Idioten.

## Landhäuser

Selbst wenn wir uns von den *Picasso*-Sammlern und den Gekidnappten abwenden – das heißt, wenn wir uns herabbegeben von der Ebene der *Superreichen* auf die Ebene der *Wohlhabenden* –, begegnen wir dem Elend noch immer an allen Ecken und Enden.

Häuser auf dem Lande zu besitzen ist ein fürchterliches Ärgernis und die Quelle großen Unglücks. Noch schlimmer ist es mit Häusern im Ausland. Es ist so, daß es nur einige wenige Leute gibt, denen diese Lebensweise wirklich zusagt. Sie lieben es einfach, jeden Freitag nach – sagen wir – Essex zu fahren, um dann im Garten zu arbeiten, umzugraben und zu hacken, Wände anzumalen und Nägel ins Holz zu schlagen. Sollen sie ihren Spaß dabei haben. Die Sache ist die, daß die *meisten* Landhausbesitzer keinen Spaß dabei haben.

Wenn sie *irgend etwas* angeschafft haben, sind sie glücklich – genau diese Freude an neuen Anschaffungen ist es, die die eine Hälfte der Menschheit von der anderen trennt. Nach einiger Zeit bemerken sie jedoch, daß sie zu ihrem Landhaus fahren müssen, andernfalls würde es zu einer Fehlinvestition werden. Nicht dorthin zu fahren wäre reine »Verschwendung« – ihrer Meinung nach die schlimmste von allen Sünden. Sie werden niemals begreifen, daß es sich hierbei eigentlich um eine der hervorragendsten Tugenden handelt. Wenn sie an jedem Wochenende ihr Haus aufsuchen, so wird die Fahrt zur

Pflicht, zu einer lästigen und langweiligen Angelegenheit; wenn sie aber nicht fahren, fühlen sie sich schuldig. In beiden Fällen werden sie zu Nervenbündeln, was sie jedoch niemals zugeben wollen. Sie sind stolz auf ihr Landhaus und würden nicht einmal im Traum daran denken, ihr erstklassiges Besitztum zu verkaufen.

Ich kann meinen Urlaub dort verbringen, wo ich gerade will: in Brasilien, in Südfrankreich oder in Devon... Ich kann aber auch zu Hause bleiben. Einer von meinen begüterten Freunden muß in die Toskana reisen, ein anderer an die Dordogne, obwohl dies die einzigen Gegenden auf der ganzen Welt sind, die sie nicht mehr sehen können. Ich kenne Leute, die an jedem möglichen Feiertag nach Frankreich rasen und sich einreden, daß sie es gern tun. Nach jedem Aufenthalt benötigen sie eigentlich einen wirklichen Ruhetag irgendwo anders: Jeder erkennt dies sofort, nur sie selbst nicht. Sie bemerken einfach nicht, wie sehr sie – tief im Innern, vor ihnen selbst verborgen – diese freien Tage fürchten. Sie setzen ein fröhliches Gesicht auf, knirschen mit den Zähnen und fahren los. Die Pflicht ruft; Vergnügen und Freude gehören den Armen.

Ich kenne ein bemitleidenswertes Ehepaar, das zwei Häuser in Großbritannien und vier weitere in anderen Ländern besitzt. Vor einiger Zeit hatten sie versucht, diese in regelmäßigen Abständen aufzusuchen, doch sie mußten es aufgeben, weil es einfach unmöglich war. Und sie behaupten weiterhin, daß diese leeren, verlassenen, verfallenden, traurigen Plätze »gute Investitionen« sind. Möglich. Ich selbst wollte niemals investieren.

(Nicht einmal kleine Summen. Vor einigen Tagen

fragte ich meinen Obst- und Gemüsehändler nach Birnen. Er gab mir ein, zwei Pfund und sagte: »In fünf Tagen sind sie reif.« Ich gab sie wieder zurück, wobei ich ihm erklärte: »Ich kaufe Birnen, um sie zu essen, und nicht, um zu investieren.«)

Ich habe eine Frau kennengelernt, die eine völlig andere Einstellung an den Tag legt. Sie fährt jede Woche mit ihrem Wagen und ihrem sanftmütigen, unterwürfigen Ehemann aufs Land und arbeitet dort wie eine Wahnsinnige. Sie steht morgens um halb sechs auf und arbeitet ununterbrochen – kochen, putzen, gärtnern, reparieren usw. – bis nachts um halb zwölf. Als ich sie fragte, warum sie das tut, antwortete sie: »Ich bin eben bereit, für meinen Komfort zu schuften.« Die Schufterei konnte ich deutlich sehen, aber den Komfort...?

Einige meiner Leser mögen vielleicht sagen: »Saure Trauben« – womit sie meinen, daß ich diese wohlhabenden Leute mit ihren Landhäusern im Grunde beneide. In bestimmten Fällen würde ich mich wohl selbst in Frage stellen. Es ist eine Sache, sich eine Situation vorzustellen, und eine ganz andere, sich selbst darin wiederzufinden. Es ist eine Sache, zu sagen: »Sollte ich ein Vermögen erben, würde ich es wohltätigen Einrichtungen spenden«, und eine ganz andere, ein Vermögen zu erben und dann die Schecks auszufüllen. Es ist schon erstaunlich, wie schnell sich die Sichtweise ändern kann, sobald man in der Lage ist, das Opfer zu bringen, was man ja vorher sehr gerne tun wollte. Aber in diesem speziellen Fall habe ich das *Recht,* meine Meinung zu sagen.

Einem sehr netten und äußerst reichen Freund von mir gehörte eine große Anzahl der Bauernhäuser des Dorfes, in dem er lebte. Die alten, nicht gerade wohlhabenden Dorfbewohner bezahlten Mieten von zwei bis drei Mark pro Woche, manche sogar noch weniger. Mein Freund weigerte sich entschieden, ihre Mieten zu erhöhen. »Soll ich denn fünf Mark fordern? Oder zehn? Warum? Für mich wäre es kein großer Unterschied, aber sie würden ruiniert und verbittert werden.« So bezahlten die Bewohner weiterhin ihre paar Mark. Später wurde er ein erfolgreicher Industrieller, war aber weiterhin nicht daran interessiert, die Bauernhäuser als Einnahmequelle zu benutzen. Eines Tages meinte er zu mir, daß ich eines der Häuser für einundzwanzig Jahre pachten könnte. Wieviel er für die Verpachtung haben wollte? Fünf Mark. Er fügte hinzu, daß es nicht fünf Mark pro Jahr sein sollten. Sondern fünf Mark für einundzwanzig Jahre. »Nur um klarzumachen, daß du der Pächter bist.«

Er erklärte, daß in einem seiner schöneren Bauernhäuser ein uraltes Ehepaar lebte und daß ich Haus und Grundstück übernehmen könnte, wenn die beiden gestorben sind. Ich lehnte dankend ab. Er wollte den Grund dafür wissen, und so erklärte ich ihm nach einigem Zögern, daß ich es nicht mit mir vereinbaren könnte, dazusitzen und auf den Tod von zwei alten Leuten zu warten. Ich würde dann gelegentlich nachfragen, wie es ihnen ginge, und enttäuscht sein, wenn sie bei bester Gesundheit wären. Eine fürchterliche Vorstellung.

»Das kann ich voll und ganz verstehen«, sagte mein Freund und sprach sechs Jahre lang nicht mehr über diese Sache.

Dann aber, sechs Jahre später, fragte er, ob ich mich noch an sein Angebot erinnern könnte. Natürlich hatte ich es nicht vergessen. »Sehr gut«, meinte er, »der alte Mann ist gestorben, und seine Frau lebt jetzt bei ihrer Tochter.« Das Haus stand mir also zur Verfügung. Die Inflation kam derzeit ins Galoppieren, doch die Pacht belief sich noch immer auf fünf Mark für einundzwanzig Jahre.

Wiederum lehnte ich dankend ab. Mein Freund verstand mich nicht mehr. Er dachte, ich wäre völlig übergeschnappt. Vielleicht hat er recht. Vielleicht bin ich aber auch weise: Viel zu oft habe ich gesehen, daß man ein Landhaus nicht besitzt, sondern davon besessen wird.

## Meine Freundin, die Prinzessin

Selbst wenn sie nicht nur am Wochenende, sondern wirklich auf dem Lande leben, sind reiche Leute nicht frei. Bedauernswerte, wohlbeleibte Börsenmakler *müssen* Golf spielen und auch noch sagen, daß sie es gern tun. Neureiche Wirtschaftsprüfer haben keine andere Wahl, als auf die Jagd zu gehen, obwohl ihnen jedesmal schlecht wird, wenn sie Blut sehen. Nicht wenige von ihnen *müssen* eben reiten, obwohl sie schreckliche Angst vor Pferden haben und durch das Reiten einen wunden Hintern bekommen. Man ist auf dem Lande nicht richtig anerkannt, solange man nicht in Pferde vernarrt ist. Am besten ist es, selbst Pferde zu züchten und eine wilde Begeisterung für Rennen an den Tag zu legen. Man kann dem ehemaligen Schah von Persien unmöglich zustimmen, der einmal erklärte: »Ich weiß, daß manche Pferde schneller laufen können als andere; es interessiert mich aber nicht im geringsten, welche das sind.« Eine weitere Geißel ist der Segelsport, möglicherweise die übelste Bestrafung von allen. Beim Segeln werden viele reiche Leute seekrank; und es kann äußerst kalt sein und feucht und stürmisch und sehr rauh – und langweilig. Doch: *noblesse oblige*. Segeln ist ein Vergnügen, und man *muß* es verdammt noch mal genießen!

Des weiteren *müssen* sie den Kontakt mit der ländlichen Bevölkerung pflegen. Über viele von diesen geschniegelten und farblosen Gestalten kann ich nur mit dem Kopf schütteln; und genauso wirken sie auch auf andere, doch – wie die Frau, die bereit war, für ihren Komfort zu schuften – sind sie bereit, für ihr Vergnügen zu leiden.

Ich kannte jemanden, einen reichen Fabrikanten, dessen sehnlichster Wunschtraum in Erfüllung ging. Es begab sich nämlich, daß eine Angehörige der königlichen Familie zur regelmäßigen Besucherin seines Landhauses wurde. Die meisten seiner Freunde waren gelb vor Neid. Bald war es allgemein bekannt, daß Prinzessin X ihn an den Wochenenden besuchte.

Ich hatte ihm einmal in einer Angelegenheit geholfen, und da er sich erkenntlich zeigen wollte, lud er mich für ein Wochenende ein. Er sagte: »Ich will dir einen ganz besonderen Gefallen erweisen. Ich werde dich einladen, wenn die Prinzessin gerade da ist.«

»Tu mir einen ganz besonderen Gefallen«, erwiderte ich, »und lade mich ein, wenn die Prinzessin nicht da ist.«

Er war zutiefst getroffen. Er lud mich überhaupt nicht ein und sprach nie wieder mit mir...

Jahre danach begegnete ich zufällig seiner Frau in dem Haus eines Freundes. Ich nahm an, daß sie sich ebenfalls mit kühler Miene von mir abwenden würde, doch sie begrüßte mich herzlich: »Ihre Reaktion hat mich begeistert. Sie waren der erste und der letzte, der deutlich seine Meinung gesagt hat. Erst danach wagte ich es, mir selbst – und meinem Mann – zu bekennen, daß ich diese königlichen Besuche im Grunde verabscheute. In meinem eigenen Haus durfte ich nur etwas sagen, wenn ich angesprochen wurde. Ich konnte nicht einmal zu Bett gehen, wann ich wollte; ich mußte warten, bis ich sozusagen entlassen wurde oder aber, was häufiger vorkam, bis mein königlicher Gast sich dafür entschied, sich zur Ruhe zu begeben. Und das war immer so um drei oder vier Uhr morgens.«

Die traurige, aber typische Geschichte eines scheinbar in Erfüllung gegangenen Traumes: ein Mann träumt davon, mit einer Prinzessin ins Bett zu gehen; statt dessen findet er sich mit einer Prinzessin wieder – die ihn nicht ins Bett gehen läßt.

# Geiz!

Wir alle, selbst die freigebigsten unter uns, können in bestimmten Fällen unbeschreiblich geizig sein. Die meisten Leute würden dies heftig abstreiten und versuchen, ihre Knauserigkeit rational zu erklären; für den Geiz anderer verspüren sie dagegen nur eine tiefe Verachtung. *Mark Twain* war, wie so oft, einsichtiger: »Wie die meisten Leute fühle ich mich oft armselig – und handle dann dementsprechend.«

Ich kenne eine sehr charmante, aber auch äußerst extravagante Dame, die peinlich genau auf die Benzinpreise achtet. Bereitwillig fährt sie kilometerweit (wobei sie eine beträchtliche Menge Benzin verschwendet), um eine Tankstelle ausfindig zu machen, wo der Liter einen Pfennig billiger ist. (Und sie braucht das Benzin nicht einmal aus ihrer eigenen Tasche zu bezahlen.) Preisbewußt bin ich eigentlich überhaupt nicht, doch Plastikeinkaufstüten sammele ich mit Begeisterung und Hingabe. Es kommt oft vor, daß ich keine dabeihabe, wenn ich eine brauche, was mich völlig aus der Fassung bringt, weil ich dann nämlich eine *kaufen* muß (für zehn oder zwanzig Pfennige – ich weiß nicht einmal, wie teuer sie sind).

Ein Bekannter von mir, der sonst in seiner Freigebigkeit schon erdrückend wirkt, weigert sich entschieden, für seine Gäste Zigaretten zu kaufen. Nicht daß er sich etwa durch den Qualm belästigt fühlt – er raucht selber wie ein Schlot. »Die Leute sollen sich ihre Zigaretten selbst kaufen!« Und wenn sie im Laufe des Abends plötzlich keine mehr haben? »Die Leute sollen sich genug Zigaretten kaufen, wenn sie rauchen wollen.«

In der Geschichte gibt es viele Beispiele derartiger Kleinlichkeiten. Als *Friedrich der Große* begann, *Maria Theresia* zu bedrängen, und all ihre Freunde und Verbündeten sie im Stich ließen, reiste sie nach Ungarn und wandte sich mit Tränen in den Augen und ihrem kleinen Sohn, dem zukünftigen Kaiser *Joseph II.,* in den Armen an die dort versammelten Adligen. Die galanten ungarischen Edelmänner konnten niemals einer schönen Frau widerstehen, also sprangen sie geschlossen auf und riefen (in Latein, der offiziellen Sprache):

»*Vitam et sanguinem pro Rege nostro, Maria Theresa!*«

(Blut und Leben für unseren König, Maria Theresia. Man beachte, daß sie König genannt wurde und nicht Königin. Dies ereignete sich kurz nach der *Pragmatischen Sanktion,* die es der ersten habsburgischen Frau ermöglichte, das kaiserliche Erbe anzutreten. Als die Engländer zwei Jahrhunderte später die erste Frau in den Richterstand erhoben, wurde sie anfangs mit »Herr Richter Soundso« angeredet, um die peinliche Tatsache zu überspielen, daß es sich nicht um einen Herrn handelte.)

Nach diesem überaus gefühlvollen Empfang erklärte ihnen die Königin (oder der König, wenn Sie so wollen) so schonungsvoll wie möglich, daß Enthusiasmus, obwohl er sehr rührend war, nicht ausreichte, und bat um Geld oder zumindest um Futter für die Pferde ihrer Armee. Einer der Edelmänner sprang daraufhin auf und rief:

*»Vitam et sanguinem pro Rege nostro, Maria Theresa, sed avenam non!«*

(Blut und Leben für unseren König, Maria Theresia, aber keinen Hafer!)

Dies ist übrigens zu einer Verhaltensweise geworden, die man bei großzügigen Leuten häufig beobachten kann: Sie bieten dem Bedürftigen alles an, nur nicht das, was er wirklich braucht.

Nicht nur die Reichen sind knauserig. Das Beschäftigtsein mit dem Geld und *nicht der Besitz* bringt einen dazu, geizig zu werden. Nach dem bisherigen Lebenslauf eines Menschen kann man dabei nicht gehen: Einige wohlhabende Leute, die in ihrer Kindheit in sehr ärmlichen Verhältnissen gelebt haben, sind extrem freigebig und großherzig. Auf der anderen Seite sind Leute, die die legendäre amerikanische Karriere in umgekehrter Richtung durchlaufen haben – vom Millionär zum Zeitungsjungen – genauso knickerig wie diejenigen, die schon reich zur Welt gekommen sind. Aber einem habgierigen und geizigen armen Menschen kann man leichter vergeben als einem habgierigen und geizigen Reichen. Witze über den Geiz der Schotten waren sehr beliebt, bis man langsam merkte, daß die Schotten gar nicht geizig, sondern sehr arm waren. Das führte zum Ende dieser Witze – als ob man nicht gleichzeitig arm *und* geizig sein kann. (Meinen persönlichen Erfahrungen nach sind die Schotten jedoch extrem gastfreundlich und freigebig.)

Die Habsucht der Reichen hat immer wieder das Interesse der Schriftsteller geweckt, von *Molière* und *Ben Jonson* bis zu *Bert Brecht* und *Arnold Bennett;* auch wir wollen uns hier mit der Knauserigkeit der Wohlhabenden beschäftigen. Auf jeden Fall kann man schon einmal feststellen, daß es natürlicher ist, sich über sein nächstes Mittagessen Sorgen zu machen als über seine nächste Million.

Als junger Jurastudent in Budapest stieß ich zum erstenmal auf ein erschütterndes Beispiel krankhafter Knauserigkeit. Ich war bei einem Anwalt, einem Freund unserer Familie, angestellt; ein überaus lebendiger Mensch mit einer kernigen Lache, der für meine Ambitionen, lieber Journalist als Jurist zu werden, volles Verständnis zeigte und mir deshalb so viel freie Zeit gab, wie ich brauchte. Gelegentlich benötigte er jedoch meine Hilfe, und da er mir ein – unverdientermaßen – ansehnliches Gehalt gab, ging das natürlich in Ordnung. An einem Samstagnachmittag sollte der Verkauf eines großen Wohnblocks abgeschlossen werden, und ich wurde für drei Uhr in die Kanzlei beordert, um bei der Zeremonie behilflich zu sein. Mein bescheidener Beitrag bestand darin, die Aschenbecher auszuleeren und das Löschpapier beim Unterschreiben der Vertragspartner in Anwendung zu bringen. Doch zunächst mußte ich drei Stunden im Vorzimmer warten, wo ich mich leidenschaftlich (und nicht vollkommen erfolglos) um die Anwaltsgehilfin bemühte. Um sechs Uhr kam dann mein großer Augenblick, und ich wurde hineingerufen. Als ich das Büro betrat, sah ich Herrn H. – unseren Klienten, den Verkäufer – hinter einem gigantischen Geldhaufen sitzen. Der Verkaufspreis belief sich auf eine halbe Million ungarischer Pengö, umgerechnet ungefähr 100 000 Mark; in der damaligen Zeit, besonders in Ungarn, eine stolze Summe. Schecks waren derzeit noch nicht gebräuchlich, es wurde immer bar bezahlt. Einen solchen Berg von Banknoten hatte ich vorher noch nie gesehen. Trotz seines hochwüchsigen (dürren und leichenartigen) Körperbaus war Herr H. hinter diesen riesigen Geldmengen kaum noch zu sehen. Die Verträge wurden ordnungsgemäß unterzeichnet, sogleich äußerst rasch und sicher mit Löchpapier bearbeitet, woraufhin der Anwalt des Käufers um die Dokumente bat (Mietverträge, Versicherungsunterlagen usw.). Herr H. nahm ein schweres Bündel mit Schriftstücken auf, das von einem Gummiband zusammengehalten wurde, löste das Gummiband und übergab die Papiere dem Anwalt. Dieser sah sie kurz durch – er hatte sie vorher natürlich schon begutachtet – und stellte fest, daß alles in Ordnung war. Als die Dokumente etwas durcheinandergerieten, fragte er Herrn H. beiläufig: »Könnten Sie mir bitte das Gummiband geben?«

Herr H. war sichtlich verwirrt. Nach kurzem Zögern sagte er: »Das Gummiband? Natürlich, sie können es haben – für einen Pengö.«

Der Vollständigkeit halber muß ich hinzufügen, daß mein Chef freundlich, aber bestimmt »Oh, Herr H....« sagte, das Gummiband aus der Hand seines Klienten nahm und es dem anderen Anwalt übergab. Ob der Pengö nun nachträglich von seiner Anwaltsgebührenrechnung abgezogen worden ist, kann ich nicht sagen...

Das ist nun schon lange her. Mehr als ein halbes Jahrhundert ist seitdem vergangen. Doch ich habe die Szene noch genau vor Augen. Ich konnte damals nicht verstehen, und auch heute verstehe ich nicht, warum ein Mensch, der gerade 100 000 DM eingesackt hat, es für nötig hält, aus einem gebrauchten Gummiband noch Profit herauszuschlagen. Aber zumindest weiß ich jetzt, daß es sich bei der Liebe zum Geld um einen Komplex, um eine verzehrende Leidenschaft handelt wie etwa die Liebe zu einer Frau (oder zu einem Mann), wie Eifersucht, Haß oder Neid. Man kann dies nicht auf logischem Weg verstehen wie etwa den zweiten Hauptsatz der Thermodynamik (den die meisten Leute auch nicht verstehen). Geld kann mehr bedeuten als Geld. Für viele bedeutet es Liebe. Und was ebenso wichtig ist: Sie glauben, daß man mit Geld Liebe erkaufen kann. Für eine große Anzahl von Leuten bedeutet Geld noch mehr. Es ist ein Maßstab für ihren Erfolg, ihren eigenen Wert und für ihre großartigen Leistungen: Es ist der Beweis, nicht umsonst gelebt zu haben. Für diese armseligen, reichen Leute bedeutet Geld – *sie selbst*. Sie *haben* nicht nur Geld, sie *sind* Geld. Etwas zu bezahlen heißt einen Finger zu verlieren, es ist, als ob ein Auge ausgekratzt wird. Wenn ein wohlhabender Mensch eine große Summe ausgeben muß, fühlt er sich wie der an den Felsen gekettete Prometheus, an dessen Leber ein Adler herumhackt – obwohl nur wenige reiche Leute Titanen sind und noch weniger Feuer auf diese Erde gebracht haben.

*Paul Getty* war der reichste Mann der Welt. Es gefiel ihm, der reichste Mann der Welt zu sein – eine ordinäre Befriedigung. Wenn es nun schon passiert, daß man zum reichsten Mann der Welt wird, sollte man zumindest den Anstand besitzen, sich dafür zu schämen. Er lud eine Menge Leute auf seinen Landsitz ein, ließ jedoch einen Münzfernsprecher aufstellen, damit seine Gäste ja nicht auf seine Kosten nach London telefonierten. Selbst wenn jeder von ihnen nach Sydney, Australien, angerufen und eine halbe Stunde lang gesprochen hätte, so wäre es von den Finanzen her für ihn überhaupt nicht spürbar gewesen. Aber er erklärte, daß er sich dagegen sträubte, »ausgenutzt« zu werden. Warum denn nicht? Wofür ist der Reichtum da? Und überhaupt, was für Leute hat er denn eingeladen? Was für Freunde hat er gehabt, wenn er befürchtete, »ausgenutzt« zu werden? Kein armer Mensch würde sich so verhalten und etwa sagen: Ich lade Sie zu einem Mittagessen in drei Gängen ein, aber wenn sie noch Käse dazu haben wollen, müssen Sie ihn bezahlen.

Der Bühnenschriftsteller *Ferenc Molnár* ist steinreich gewesen. Wenn vor dem Krieg in Budapest ein Stück zum hundertsten Mal vorgeführt wurde, stellten sich die Bühnenarbeiter in einer Reihe auf und beglückwünschten den Autor, der ihnen dann hundert Pengö überreichte. Alle Autoren, selbst mittellose Anfänger bei ihrem ersten Stück, rückten die hundert Pengö mit Vergnügen heraus. *Molnár* hingegen gab nur 25 Pengö; manchmal auch fünfzig. Er schämte sich nicht einmal seiner Knauserigkeit.

»Manche Leute geben gerne Geld aus«, sagte er. »Ich spare gerne.«

Seine letzten Jahre verbrachte er in den Vereinigten Staaten. Dort gab es ein Gesetz (vielleicht gilt es noch immer), das dem kleinen Mann zugute kam: Das Finanzministerium sicherte, für den Fall, daß eine Bank Konkurs machen sollte, dem einzelnen Sparer zu, seinen Verlust bis zu einer Höhe von 20 000 Dollar zu ersetzen. So teilte *Molnár* sein ungeheures Vermögen in Einheiten zu je 20.000 Dollar auf und deponierte diese bei unzähligen Banken, die im ganzen Lande verstreut lagen. Er weigerte sich, sein Testament zu machen (denn er war sehr abergläubisch und befürchtete, daß er nach dem Aufsetzen seines Letzten Willens sogleich sterben würde). Ebenso lehnte er es ab, eine Liste seiner Banken zu erstellen, wegen der Gefahr, daß sie in die falschen Hände geraten könnte; er verließ sich auf sein gutes Gedächtnis. Dann starb er trotz der Vorsichtsmaßnahme, kein Testament aufzusetzen, und nun konnte die Liste nicht einmal in die richtigen Hände geraten. Seine Erben können das Geld nicht bekommen, weil niemand weiß, wo es sich befindet. In einhundert Jahren wird dem US-Finanzministerium das gesamte Vermögen zufallen.

Vor einigen Jahren suchte ich regelmäßig das Büro eines Freundes auf, in dem ich oft einen älteren Herrn rumänischer Abstammung traf; er war Millionär und stand irgendwie in Verbindung mit der Firma meines Freundes. Am späten Nachmittag war er dort immer anzutreffen. Eines Tages erklärte mir mein Freund den Grund dafür. Der alte Mann wartete auf die Abendzeitung, die er sich nicht kaufen wollte. Er war nicht an den Weltereignissen interessiert, lediglich an den Fernsehprogrammen. Diese kopierte er im Büro und ging dann – vorausgesetzt, es war nach sieben Uhr. (Als Pensionär konnte er die Busse ab sieben Uhr abends umsonst benutzen, deshalb verließ er das Büro nicht früher.) Er hatte eine Tochter, die oft vorbeikam, um ihn abzuholen. Sie war fuchsteufelswild auf den Alten, denn sie konnte ihn nicht davon abhalten, eine halbe Stunde zu vertrödeln, nur um ein paar Pfennige zu sparen, selbst wenn es in Strömen regnete und ihm deshalb eine Lungenentzündung drohte. Der alte Rumäne liebte seine Tochter, aber andererseits war auch er verärgert über sie, und zwar wegen ihrer »verschwenderischen« Veranlagung. Ein paar Pfennige zu vergeuden, nur um am Leben zu bleiben? Niemals!

Ich traf einmal eine junge Frau, deren Onkel man zu den reichsten Leuten Großbritanniens zählte. »Man sagte«, meinte ich zu ihr, »daß Ihr Onkel die geizigste Person im ganzen Land ist. Stimmt das?«

»Nein, das stimmt nicht.« Sie schüttelte entschieden mit dem Kopf. »Er ist der zweitgeizigste. Der geizigste Mensch ist mein Vater, also sein Bruder.« Und dann erzählte sie mir, daß sie ihm seit vier Jahren etwas verheimlichte. Als sie und ihr Ehemann zu Beginn ihrer Hochzeitsreise auf dem Flugplatz ihr Gepäck wiegen ließen, mußten sie wegen Übergewicht etwas zubezahlen. »Aber um Himmels willen«, sagte sie mir, »erzählen Sie ihm nichts davon. Niemals. Selbst nach vier Jahren würde es einen großen Aufruhr in der Familie geben.«

Der Geiz taucht in ganzen Regionen oder Ländern auf. Er ist ansteckend, denn wenn in einem Gebiet

„Diese Halsabschneider – weiterfahren!"

die Mehrheit der Leute hinter dem Geld herrennt, so wird er zur Staatsreligion erhoben. Im alten Rom war das Heidentum vorherrschend; während der Reformation waren die Untertanen der protestantischen Herrscher Protestanten, die Untertanen der katholischen Könige Katholiken. In der BRD ist jeder Antikommunist, in der DDR scheint jeder ein überzeugter Kommunist zu sein. Und in der Schweiz heißt die Staatsreligion Geld. Die Schweizer sind faire Leute, die für Geld wirklich etwas bieten. Aber die Verschwendung von nur ein paar Pfennigen würde einen normalen, anständigen Schweizer dazu bringen, Amok zu laufen.

Ein schweizerischer Geschäftsmann bat mich vor einiger Zeit um einen Gefallen; um das klarzustellen: *Er* bat *mich* um einen Gefallen und forderte mich auf, ihn in einem Züricher Café zu treffen. Also hatte *er* mich eingeladen. Nach unserem Gespräch rief er den Ober und bezahlte *seinen* Kaffee, ich bezahlte dann meinen. Ich war, ohne weiter darüber nachzudenken, bereit gewesen, die Rechnung für uns beide zu begleichen – ich versuchte es auch –, doch getrennte Rechnungen sind eine spezielle Form der schweizerischen Knauserigkeit. Er hätte mich auch gar nicht verstanden. Er hatte mich um einen Gefallen gebeten, den ich ihm erfüllen oder abschlagen konnte. Aber warum sollte er denn auch meinen Kaffee bezahlen, wenn *ich* ihn getrunken habe und nicht *er?*

Über die schweizerische Knauserigkeit habe ich schon in einem anderen Buch einiges geschrieben, und deswegen wollte mir ein Journalist der *Neuen Zürcher Zeitung* einmal auf den Zahn fühlen. Er fragte mich, ob ich denn wirklich glaube, daß die

Schweizer geizig sind. Ich antwortete, daß ich die Schweizer sehr sympathisch finde und viele ihrer Eigenschaften bewundere, aber ja, ich glaube auch, daß sie geizig sind.

»Aber die ganze Welt schätzt den Schweizer Franken«, brachte er hervor. »Warum machen Sie uns Vorwürfe, wenn wir ihn ebenfalls schätzen?«

»Ich werfe ihnen nicht vor, den Schweizer Franken zu schätzen«, antwortete ich, »ich werfe ihnen vor, in den Schweizer Rappen verliebt zu sein.«

## Sonderangebote...

Beschäftigen wir uns doch einmal damit, was man im allgemeinen unter dem Begriff »Sonderangebot« versteht. Es handelt sich um eine Ware, die für einen niedrigen und günstigen Preis angeboten wird. Man hat die Gelegenheit, etwas billiger zu kaufen; manchmal ist der Preis sogar niedriger als der Wert des Gegenstandes.

Und hier nun eine andere Definition, die meiner Meinung nach treffender ist: Ein Sonderangebot ist ein fieser Trick, um das Geld aus den Taschen von dummen oder gutgläubigen Leuten zu ziehen.

Ich habe niemals an einer Verkaufssitzung eines großen Konzerns teilgenommen, aber ich bin mir ziemlich sicher, daß die Überlegungen oft nach dem folgenden Schema ablaufen: Die Kosten für die Herstellung einer neuen – sagen wir mal – Zahncreme ergeben, daß 3,20 DM ein annehmbarer Verkaufspreis wäre, also verkaufen wir sie für 4,80 DM. Qualitätsmäßig gesehen ist sie nicht besonders gut, aber auch nicht schlecht; und da die Kunden gerne neue Sachen ausprobieren, wird sie sich in der ersten Zeit recht gut verkaufen lassen. Aber der Reiz des Neuen verschwindet langsam, und so wird der Umsatz zurückgehen. Wenn dies eintritt, werden wir die Zahncreme als Sonderangebot anbieten; auf jede Packung lassen wir aufdrucken, daß sie zwanzig Pfennig billiger ist, woraufhin sich die Leute darauf stürzen werden, um sie zu kaufen, obwohl sie den *angemessenen* Preis noch immer um 1,40 DM übersteigt.

Manchmal beträgt der Preisnachlaß nicht zwanzig, sondern fünf Pfennig. Welch eine unvorstellbare Frechheit, Seife, Waschpulver, Hundefutter oder was auch immer anzupreisen, nur weil diese Waren fünf Pfennig billiger sind als sonst! Selbst der ärmste greise Rentner sollte dies als eine persönliche Beleidigung betrachten – doch er tut es nicht. Es darf kein Sonderangebot ausgelassen werden. Das Angebot, fünf Pfennig »geschenkt« zu bekommen, gleicht der Einladung zu einem Abendessen, bei dem einem nur eine einzige Erbse (schmackhaft zubereitet, versteht sich) angeboten wird. Selbst bei einer wirklichen Preisermäßigung wäre es eine Beleidigung. Aber die Leute sagen, daß man Waschpulver (oder wasauchimmer) braucht, also sieht man zu, es ein paar Pfennige billiger zu bekommen.

In meiner Jugendzeit wurde in Ungarn ein Mann angeklagt, weil er wegen nur eines Pengös einen Menschen ermordet hatte. Der Richter war sichtlich empört: »Für einen Pengö einen Menschen zu töten! ... Was können Sie zu Ihrer Verteidigung sagen?« Der Angeklagte antwortete: »Tja, Herr Richter. Einen Pengö hier, einen Pengö dort...« Und genau das ist es, was die Konsumenten heutzutage sagen: »Einen Pfennig hier, einen Pfennig dort...«

Der wirkliche Ärger beginnt, wenn völlig unbrauchbare Dinge als »Sonderangebote« herausgestellt werden. Es gibt eine Unmenge von Leuten, die Sonderangeboten und Ausverkäufen einfach nicht widerstehen können. In den Glauben versetzt, daß sie ein günstiges Angebot wahrnehmen, kaufen sie Kleider, die sie niemals tragen werden, oder Möbel, für die sie gar keinen Platz haben. Alte Frauen kaufen sich Rollschuhe und Nichtraucher Pfeifenreiniger. Einige jagen los, um einen Billigurlaub in Albanien zu verbringen, obwohl überhaupt nicht klar ist, warum man eigentlich nach Albanien fahren sollte, sofern man nicht eine stattliche Summe dafür *bezahlt* bekommt. Einige werden Mitglied in einem Buchklub, weil sie dann zwei Romane von *Konsalik* für acht Mark pro Band erhalten. Und einmal hörte ich von einem Mann, der sich eine elektrische Kreissäge kaufte, die im Sonderangebot stand. Als er am folgenden Tag daran arbeitete, verlor er zwei Finger. Aber er bereute es nicht: Die Säge war wirklich billig gewesen.

Nicht wenige Leute glauben tatsächlich, daß sie bei solchen Gelegenheitskäufen Geld verdienen können. Eine Bekannte von mir, ansonsten eine charmante und scheinbar mit gesundem Menschenverstand ausgestattete Frau, erzählte mir manchmal Sachen wie diese: »Das war ein guter Tag heute. Ich habe ein Kleid gekauft, das war von 1 600 auf 480 Mark herabgesetzt; einen Koffer, der war von 480 auf 160 Mark herabgesetzt; und einen wunderschönen Perserteppich, der von 3 600 auf 2 400 Mark herabgesetzt worden war.« Möglicherweise deutet sie damit an, daß sie ein wenig verschwenderisch gewesen ist, aber es wird ihr niemals in den Sinn kommen, daß sie eigentlich 3 040 Mark vergeudet hat. Sie hat das Gefühl, 2 640 Mark *verdient* zu haben. Weiterhin glaubt sie (da bin ich mir sicher), daß sie, wenn sie mehr Zeit zum Einkaufen hätte, damit ihren Lebensunterhalt bestreiten könnte.

Viele kaufen in großen Mengen ein, weil es dann billiger wird. Zu bestimmten Zeiten wird neuseeländisches Lammfleisch pro Kilo zwanzig Pfennig billiger angeboten, wenn man eine halbe Tonne davon kauft; also beeilen sich die Konsumenten, sich eine Tiefkühltruhe zuzulegen, nur um etwas später festzustellen, daß sie für eine halbe Tonne neuseeländisches Lammfleisch zu klein ist. Ich kannte einmal ein Ehepaar, das nicht widerstehen konnte, Zucker in großen Mengen einzukaufen. Sie hielten das Sonderangebot für eine kolossale Gelegenheit, die man nutzen mußte; und so kauften sie Zucker ein, der für ihr ganzes Leben ausreichen würde und für das Leben ihrer Kinder und Enkelkinder. Als der Zucker geliefert wurde, bemerkten sie, daß sie gar nicht wußten, wo sie ihn lagern sollten – bis ihnen einfiel, daß sie eine sehr geräumige Toilette hatten. Dort stapelten sie ihren Zucker also auf. Die Folge war, daß sich ihre Gäste befremdet fühlten, wenn ihnen Zucker für den Kaffee angeboten wurde; außerdem war nach einiger Zeit die Luft in der Toilette etwas stickig, und es klebte überall.

Gelegenheitskäufe anzubieten ist ein kommerzieller Trick, um die Armen noch ärmer zu machen. Wenn habgierige Dummköpfe auf diesen Trick hereinfallen, geschieht es ihnen recht. Trotz allem: Wenn Sonderangebote gesetzlich verboten wären, würde unser Lebensstandard sofort um 7,39 Prozent ansteigen.

## ...und andere Gelegenheitskäufe

Und nun zum Verb handeln im Sinne von *feilschen*. Es bedeutet: Verhandlungen zu führen mit dem Ziel, den Preis zu drücken. Die Engländer befinden sich in dem Glauben, daß es sich beim Feilschen um eine unreelle orientalische Gewohnheit handelt, und rühmen sich, es niemals zu tun. Nun gut, in den Läden feilschen sie nicht, aber sie tun es, wenn sie ein Haus oder einen Gebrauchtwagen kaufen. Die zähen Verhandlungen in der Finanz- und Geschäftswelt drehen sich um Millionenbeträge, und die Gewerkschaften tun kaum etwas anderes als schachern. Trotz allem mag es sich beim Feilschen noch immer um eine unreelle orientalische Gewohnheit handeln – die hier inzwischen Fuß gefaßt hat. Die Engländer können jedoch nicht gut feilschen (was, wie gesagt, natürlich nicht bedeutet, daß sie es nicht tun).

Wenn man einen richtigen orientalischen Handel beobachtet, kann man den Eindruck gewinnen, daß nichts auf der Welt den Verkäufer dazu bringen könnte, den angebotenen Gegenstand – beispielsweise einen antiken Tisch – wegzugeben, während der Interessent sich so verhält, als ob er den Tisch nicht einmal geschenkt nehmen würde. Der Verkäufer scheint sehr an dem guten Stück zu hängen und hört nicht auf, die vielen Vorzüge aufzuzählen; der Interessent findet nur Fehler und stellt verächtlich die Behauptung auf, daß es sich bei dem antiken Tisch nur um eine billige Imitation handele. Ein richtiger orientalischer Handel wird mehrmals unterbrochen: Der am Kauf Interessierte rennt aus dem Laden (um zwei Minuten später wieder zurückzukehren); oder der Verkäufer weigert sich einfach, auf das letzte,

schon unverschämt wirkende Angebot zu antworten. Auch die Religion wird mit einbezogen: Der Verkäufer schwört beim allmächtigen Herrn, bei Allah oder beim Leben seiner Mutter (die schon vor langer Zeit gestorben ist), daß seine erste Forderung für diesen Tisch weit unter dem Preis lag, den er damals dafür bezahlt hatte; und der Interessent schwört ähnliche hochheilige Eide, daß er für dieses wacklige Möbelstück nicht eine derartig unerhörte Summe zahlen würde, selbst wenn er es könnte, was jedoch nicht der Fall ist. Ein richtiger orientalischer Handel endet immer mit dem Abschluß eines Geschäfts, der dann mit einem freundlichen Händeschütteln besiegelt wird.

Zu Beginn des Krieges arbeitete ich freiberuflich als Journalist, hauptsächlich für den BBC, bei der auch meine erste Ehefrau angestellt war. Da ich vormittags frei hatte, kümmerte ich mich um die Einkäufe. Obst und Gemüse bekamen wir in der St. John's Wood High Street bei einer dicken, alten Italienerin, Frau *Salamone*. Sie sprach den perfekten Cockneydialekt ohne irgendeinen italienischen Akzent, aber um mit ihren unzähligen Kindern und Enkelkindern zu reden und zu schimpfen, bevorzugte sie ihre Muttersprache. Wir, die Kunden, stellten uns geduldig in einer Reihe auf, um beispielsweise einen Kohlkopf zu kaufen. Neunzig Pfennig sollte er kosten. Etwas teuer für einen Kohlkopf, dachten die englischen Kunden bei sich, aber sie – und ich ebenfalls – bezahlten immer, ohne zu murren, und waren der Frau Salamone im Grunde dankbar dafür, daß sie uns überhaupt einen Kohlkopf verkaufte. Die einzige Ausnahme war eine andere Italienerin, *Signora T.*

»Wie teuer ist dieser – Kohl?« fragte sie verächtlich, wobei ihr Tonfall darauf hindeutete, daß man diese Ware besser als Müll bezeichnen sollte.

»Neunzig Pfennig.«

Signora T. lachte spöttisch, als ob sie soeben einen wirklich amüsanten Witz gehört hätte.

»Sie meinen doch wohl nicht diesen halb vergammelten, miserablen, weichen Kohlkopf, den man kaum noch den Schweinen vorwerfen kann?«

Frau Salamone gab unmißverständlich zu verstehen, daß sie genau diesen Kohlkopf meinte. Und Signora T. fuhr fort: »Neunzig Pfennig? Glatter Wucher. Das ist kriminell. Das ist Preistreiberei. Sechzig Pfennig.«

Frau Salamone, offensichtlich viel zu stolz, um darauf zu reagieren, wandte sich dem nächsten Kunden zu.

»Fünfundsechzig Pfennig«, gab Signora T. als letztes Angebot an. Frau Salamone weigerte sich weiterhin, sie zu beachten, woraufhin Signora T. erregt aus dem Laden stürmte ... nur um drei Minuten später mit einem Angebot von siebzig Pfennig wiederzukommen. Nachdem sie lange und laut miteinander gefeilscht und gestritten hatten, bekam Signora T. ihren Kohlkopf für achtzig Pfennig.

Lange Zeit fragte ich mich, warum Frau Salamone sich überhaupt mit der Signora abgab. Sie hatte doch eine Menge Kunden, die ihr keine Schwierigkeiten bereiteten. Und dann dämmerte mir langsam, daß Signora T. Frau Salamones Lieblingskundin war, die einzige, die sie wirklich akzeptierte. Signora T. war die einzige Person, die in der gleichen Art und Weise handelte, wie man es ihr beigebracht hatte. Für die braven Engländer, die sogar sie – eine ungebildete italienische Bäuerin – um ihren kleinen Finger wikkeln konnte, empfand Frau Salamone nur leichte Verachtung. Sie war weit davon entfernt, sich von Signora T. belästigt zu fühlen, im Gegenteil: Ihren Besuch betrachtete sie als Höhepunkt des Tages. Das Feilschen war für beide Frauen keine lästige Angelegenheit, sondern ein Spiel, ein netter Zeitvertreib, eine geistreiche Auseinandersetzung und ein großer Spaß. Es ging ihnen nicht darum, ein paar Pfennige zu gewinnen, daß Ziel des Feilschens war die Freude am Feilschen.

(Frau Salamone ist für mich eine bemerkenswerte und unvergeßliche Person. Eines Tages, in der schlimmsten Zeit des Krieges, konnte man in den Zeitungen lesen, daß eine Apfelsinenlieferung eingetroffen war und daß Personen mit grünen Lebensmittelkarten – also Leute mit Kindern – ein Pfund Apfelsinen kaufen konnten. Wir hatten seit einem Jahr keine Apfelsine mehr gesehen, aber da wir noch keine Kinder hatten, fragte ich Frau Salamone erst gar nicht wegen der Apfelsinen. Als ich meinen Tageseinkauf beendet hatte, Kohlköpfe, Rüben und saure Äpfel, fragte sie mich ganz beiläufig: »Wollen Sie vier Pfund Apfelsinen haben?« Mein Herz blieb beinahe stehen, und ich bemerkte zaghaft: »Ich dachte, die Apfelsinen wären für die Kinder.« Ihre Augen blitzten auf, und sie rief mit überlauter Stimme: »Sch… auf die Kinder!« Dann gab sie mir fünf Pfund Apfelsinen. *Mutatis mutandis,* »Sch… auf die Kinder« scheint heutzutage zur allgemeinen Devise geworden zu sein.)

Zurück zum Feilschen. Es ist nicht nur ein Spiel oder ein großer Spaß, es kann auch zur Krankheit werden. Einige Leute kämpfen verzweifelt, um etwas

Ruhm zu erheischen; sie brauchen Siege irgendwelcher Art. Ein Freund von mir, der in Australien lebt, beschrieb mir einmal sehr lebhaft die folgende Episode. Er nahm an einer Kreuzfahrt teil, bei der Fidschi, Tahiti, Tonga und andere im Südpazifik gelegenen Inseln angelaufen wurden. Als die Passagiere Tonga betraten, wartete dort eine große Anzahl von Kleinhändlern, um ihnen ihre Waren anzubieten, hauptsächlich Körbe und verschiedene kunsthandwerkliche Gegenstände. Leute, die auf eine Südpazifik-Kreuzfahrt gehen, sind im allgemeinen wohlhabender als die Inselbewohner, die versuchen, ihnen handgeflochtene Körbe zu verkaufen. Die Tonganesen sind sehr arm; den ganzen Winter hindurch arbeiten sie hart, um Körbe zu flechten und andere kunsthandwerkliche Gegenstände herzustellen. Ihr Wohlergehen in den folgenden Monaten hängt dann davon ab, ob sie ihre Waren zu einem angemessenen Preis verkaufen können. Mein Freund nahm nun an, daß, wenn ein reicher Tourist für einen hübschen Nähkorb um zwei Dollar gebeten wird, er dem armen Tonganer vielleicht drei geben würde. Wie naiv von ihm, so etwas zu glauben! Die Passagiere gingen sofort auf die tonganesischen Händler los, feilschten grimmig, nannten sie Gauner und drückten den Preis hier um einen Dollar, dort um einen halben. Mein Freund sagte, daß Wellington seinen Sieg über Napoleon nicht eindringlicher hätte schildern können als diese Touristen, die ihre Erfolge in der »Schlacht der Körbe« beschrieben. »Er wollte sieben Dollar für einen kleinen Tisch haben, aber ich bekam ihn für 4,75 Dollar.« Sie kämpften nicht nur gegen die wehrlosen Tonganesen, sondern konkurrierten auch untereinander: Es ging darum, wer das günstigste

Geschäft gemacht hatte, wer am gerissensten gewesen war oder wer den schmutzigsten Trick angewendet hatte. Jemand hatte es sogar geschafft, einer armen Frau – wahrscheinlich Mutter von fünf Kindern – ein oder zwei Dollar vorzuenthalten. Die »günstigen« Geschäfte auf Tonga blieben für den Rest der Luxuskreuzfahrt das Hauptthema der Konversation. Die Touristen waren selbstgerecht: Sie wollten nicht betrogen werden – das war ihre moralische Rechtfertigung. Aber warum nicht? Ich will betrogen werden. Ich ziehe es lieber vor, übers Ohr gehauen zu werden, als andere zu betrügen.

Einige Zeit, nachdem ich die Geschichte dieser Kreuzfahrt gehört hatte, ging ich mit einigen Freunden die Straßen von Dakar im Senegal entlang. Ein afrikanischer Straßenhändler, ein Juwelier, kam auf uns zu und sprach *Joe,* einen jungen Amerikaner in unserer Gruppe, an. Der Händler erzählte ihm, daß er eine wunderschöne goldene Halskette anzubieten hätte; sie wäre 20 000 Franc wert, aber er würde sie ihm – weil er es wäre – für den lächerlichen Preis von 11 000 Franc überlassen.

»Nein danke«, sagte Joe und ging weiter.

Der Straßenhändler blieb etwas zurück, brachte eine kleine elegante Schachtel zum Vorschein, aus der er eine Kette herausholte, hängte diese über seinen Zeigefinger und führte das Verkaufsgespräch fort: »Sie ist ein Vermögen wert. 11 000 ist ein Spottpreis. Ich würde sie niemandem verkaufen, nicht einmal für diesen Preis. Aber *du* kannst sie für 10 000 haben.«

Joe fragte nicht, woher der Juwelier bei der ersten Begegnung mit ihm wußte, daß gerade er dieses besondere Angebot verdiente. Er versuchte, unser Gespräch wiederaufzunehmen. Doch umsonst. Der Händler war entschlossen: Der Preis ging herunter auf neuntausend, dann auf sieben-, sechs-, vier- und schließlich auf zweitausend.

Joe stellte das dauernde Verneinen, das schon monoton geworden war, ein. Er ging einfach schweigend weiter.

»Eine einmalige Gelegenheit für dich: achthundert.«

Keine Antwort.

»Siebenhundert.«

Keine Antwort.

»Vierhundert.«

Joe schüttelte mit dem Kopf.

»Sechshundert«, sagte der Händler zu meiner Überraschung.

Joe schwieg weiterhin.

»Neunhundert«, fuhr der Händler fort.

Joe sah sichtlich verwirrt aus.

»Tausendeinhundert«, sagte der Händler unbarmherzig.

Joe hielt an, holte seine Brieftasche hervor und bezahlte dem Juwelier tausendeinhundert senegalesische Franc. Der Händler übergab ihm die Halskette und verschwand, so schnell er konnte.

»Du hast natürlich gemerkt«, sagte ich, »daß er den Preis langsam wieder angehoben hat? Seine letzten Angebote gingen immer höher.«

Joe antwortete nicht – als ob ich der Straßenhändler gewesen wäre.

Ich fuhr fort: »Du hättest die Kette für vierhundert kaufen können.«

Noch immer keine Antwort.

»Warum hast du sie überhaupt gekauft? Und

wenn du sie haben wolltest, warum für elfhundert, wenn du sie beinahe für ein Viertel dieses Preises hättest bekommen können?«

Joe blieb wie angewurzelt stehen, sah gleichzeitig kläglich und ungläubig drein: »Ich konnte nicht mehr. Meine Nerven sind übergeschnappt. Ich konnte einfach nicht länger standhalten.« Und nach einer kurzen Pause fügte er hinzu: »Ich *mußte* sie kaufen. Und ich mußte es tun, bevor er den Preis wieder auf 11 000 angehoben hätte.«

## Das beste und das mieseste Geschäft

Das mieseste Geschäft, von dem ich jemals gehört habe, ist überraschenderweise nicht von mir gemacht worden.

Abgeschlossen – oder, besser gesagt, nicht abgeschlossen – wurde es von einem Herrn namens *Francis X.,* den ich oft im Hause eines guten Freundes getroffen habe, ohne ihn richtig zu kennen. Es war tatsächlich unmöglich, ihn richtig kennenzulernen. Er war nicht nur ein Mann von beinahe siebzig Jahren – mit meinen jungen Augen damals sah ich ihn schon fast als eine Antiquität an –, und er war auch nicht nur ein schweigsamer, nach innen gerichteter Mensch, sondern wurde dazu noch von einem grausamen Schicksalsschlag, den er nicht überwinden oder vergessen konnte, geplagt; er war offensichtlich total niedergeschmettert. Ich wußte, daß er Witwer war, und nahm demzufolge zunächst an, daß es der Verlust seiner Frau gewesen war, der ihn derart zerbrochen hatte. Doch es stellte sich heraus, daß er ihren Verlust mit einer bemerkenswerten Ruhe oder, besser gesagt, mit einer bewundernswerten Unverzagtheit hingenommen hatte. *Stephen,* mein Freund und Gastgeber, wahrte in dieser Angelegenheit lange Zeit äußerste Diskretion, doch eines Tages erzählte er mir, was mit Francis los war.

»Du warst auf der richtigen Spur. Er hat einen tragischen Schlag erlitten, den er nicht überwinden kann. Es geschah vor langer, langer Zeit, als er noch ein junger Mann war.«

»Hat es etwas mit Liebe zu tun?« fragte ich, romantisch, wie ich bin.

»Mit der Liebe zum Geld«, sagte Stephen.

»Als er noch im Geschäftsleben stand«, nickte ich. »Ich weiß, daß er sich nun zurückgezogen hat.«

»Nicht ganz. Er hatte keinen Job, von dem er sich zurückziehen konnte. Er besaß schon immer ein ausreichendes Vermögen.«

Ich sah Stephen fragend an.

»In seinen jungen Tagen plante ein Freund von ihm, er hieß *Lyons,* ein Lebensmittelgeschäft zu eröffnen. Lyons fragte Francis, ob er sich nicht beteiligen wollte. Nicht als gleicher Partner, sondern nur mit einer Einlage von fünfhundert Mark für den Laden. Über dieses Vorhaben dachte Francis wochenlang nach. Er wollte den jungen Lyons nicht kränken, doch auf der anderen Seite waren fünfhundert Mark viel Geld, und er hatte schreckliche Angst, sie zu verlieren. Er konnte zu keiner Entscheidung kommen. Lyons wurde ungeduldig und bat ihn, entweder ja oder nein zu sagen, was er aber nicht tat. Dann, nach weiteren Gewissenserforschungen, bot er Lyons zweihundertfünfzig Mark an. Lyons murmelte etwas wenig Schmeichelhaftes über die Knauserigkeit seines Freundes vor sich hin und bat ihn dann dringend darum, doch fünfhundert zu geben. Francis blieb standhaft. Entweder zweihundertfünfzig oder gar nichts. Lyons fand sich schließlich mit zweihundertfünfzig ab.« Stephen schwieg, dann sagte er noch: »Das ist alles.«

Ich glaubte zu verstehen. Stephen fügte hinzu: »Die Firma heißt jetzt bekanntlich *J. Lyons & Co* (Restaurants, Teeimport, Bäckereien, Konditoreien und Gott-weiß-was-alles), jedenfalls einer der großen Konzerne dieses Landes. Finanziell stand Francis schon immer recht gut da, nun wurde er reich. In der Tat, steinreich.«

»Und das hat sein Leben ruiniert?«

»Genau. Denn wenn er nicht so dumm und geizig gewesen wäre und Lyons' ursprünglichen Vorschlag angenommen hätte, würde er nun doppelt so reich sein. Er kann einfach nicht darüber hinwegkommen.«

Einige Monate später starb Francis an gebrochenem Herzen. Kinder hatte er nicht gehabt. Er hinterließ fünf Millionen Mark, die er irgendeinem Tierschutzverein vermacht hatte.

Meine eigene geschäftliche Karriere ist nicht sehr glorreich. Normalerweise habe ich mich von geschäftlichen Dingen ferngehalten, doch gelegentlich wurde ich dazu bewegt, während einer Hochkonjunktur die eine oder andere Investition vorzunehmen. Meine Investitionen zeigten immer das Ende des jeweiligen Booms an. Wenn ich Aktien kaufte, gingen die Kurse in den Keller; wenn ich ein halbes Haus kaufte – was ich einmal tat –, fielen die Gebäudepreise. Und immer, wenn so etwas geschah, fühlte ich eine Art Schadenfreude, eine masochistische

Fröhlichkeit: Es geschieht mir recht, ich sollte von derartigen Geschäften Abstand nehmen, genauso wie *Paul Getty* davon Abstand nehmen sollte (was er glücklicherweise tut), humoristische Bücher über die Armut zu schreiben.

Doch das erfolgreichste Geschäft, das mir bekannt ist (wenn man es Geschäft nennen kann), habe *ich* gemacht, und es hat mich mit großer Freude erfüllt: In Hurlingham spielte ich einmal mit jemandem Tennis, den ich vorher noch nie getroffen hatte. Er war Tscheche, der heute als Professor an einer deutschen Universität lehrt. Ich wußte eigentlich nichts über ihn, ich kannte nicht einmal seinen Familiennamen.

Nach dem Spiel bot ich ihm an, ihn bis zur nächsten U-Bahn-Station mitzunehmen. Er hatte eine Einladung zu einer Party erhalten und war nun etwas spät dran. Auf dem Weg zur U-Bahn-Station entdeckte er einen Blumenladen und bat mich, anzuhalten, damit er ein paar Blumen für seine Gastgeberin kaufen konnte. Ich hielt an und wartete im Wagen auf ihn. Der Feierabendverkehr nahm allmählich zu. Als er zurückgekehrt war, hatte ich leichte Schwierigkeiten, mich wieder in den Verkehrsstrom einzuordnen. In solchen Fällen muß man auf den ersten ritterlichen Autofahrer waren. Er tauchte schon bald auf, hielt an und gab mir mit einer Handbewegung zu verstehen, daß ich vorfahren könne. Ich bedankte mich mit einem Kopfnicken und fuhr an – woraufhin er zu meiner großen Überraschung ebenfalls losfuhr und unsere Wagen zusammenstießen. Wir stiegen beide aus und untersuchten den Schaden. Der Zusammenstoß war so leicht gewesen, daß keiner von uns irgendein Anzeichen davon entdekken konnte. Der Fahrer des anderen Wagens erzählte mir, daß er etwas besorgt wäre, weil er einen Firmenwagen fuhr und in der letzten Zeit einige Unfälle gehabt hätte (ich verkniff mir die Bemerkung, daß mich das nicht überraschte). Die Firma hätte gerade eine größere Summe für Reparaturen bezahlen müssen, und es würde seine Beliebtheit nicht gerade steigern, wenn er mit einer neuen Forderung ankäme. Dann notierte er die Nummer meines Wagens, dachte jedoch noch einmal nach und sagte zu mir: »Ja, ich habe Ihre Autonummer aufgeschrieben, aber ich werden den Zettel wegwerfen. Ist völlig unnötig. Sie werden von mir nicht wieder hören.«

Wir trennten uns als Freunde. Einige Tage später erhielt ich einen Brief von seiner Versicherungsgesellschaft, *betr. den Unfall in Fulham.* Es wurde mir mitgeteilt, daß man eine Schätzung des Schadens vornehmen und mich zur gegebenen Zeit wieder anschreiben würde.

Ich schrieb zurück, daß sie sich die Mühe sparen könnten, da ich nicht daran interessiert wäre. Der sogenannte Unfall wäre einzig und allein der Fehler ihres Kunden gewesen, da er mir zunächst zum Vorfahren gewinkt hätte und dann angefahren wäre. Außerdem hätten wir sofort unsere Wagen untersucht, aber keinen sichtbaren Schaden feststellen können. Und da ihr Kunde mir schließlich versichert hätte, daß ich von ihm nicht wieder hören würde, hätte ich mich nicht darum gekümmert, mir Namen von Zeugen geben zu lassen (und wirklich, ich kannte noch immer nicht den Namen meines eigenen Mitfahrers).

Einige Tage später kam ein weiterer Brief der Versicherungsgesellschaft; ohne meinen Brief zu erwähnen, teilte man mir lediglich mit, daß sich die Kosten

für die Reparatur vorläufigen Schätzungen zufolge
auf 160 DM belaufen würden. Ich schrieb zurück,
daß die Angelegenheit begann, lächerlich zu werden
und daß ich mich weigerte, meine Zeit mit weiterer
Korrespondenz zu verschwenden. Weitere Briefe
würde ich nicht mehr beantworten.

Ich erhielt aber weitere Briefe. Im nächsten infor-
mierte man mich, daß genauere Untersuchungen ergeben hatten, daß der Schaden am Wagen ihres Kunden schwerer war, als vorher angenommen. Die Kosten wurden auf ungefähr 400 DM geschätzt; die
endgültige Summe würde man mir bald bekanntge-
ben.

Ich antwortete nicht.

Etwa eine Woche später erhielt ich eine Rechnung
über 1052,68 DM. Ich ignorierte sie ebenfalls.

Es folgte ein scharf abgefaßter Brief, in dem man
mir mitteilte, daß, wenn ich nicht innerhalb von sieben Tagen 1052,68 DM überwiesen hätte, die Angelegenheit dem Anwalt übergeben werden würde.

Ich ignorierte auch diesen Brief.

Ein Brief des Anwalts traf ein, in dem dieser mir
mitteilte, daß, wenn ich nicht innerhalb von sieben
Tagen (es sind immer sieben Tage) 1052,68 DM
überwiesen hätte, er rechtliche Schritte gegen mich
einleiten würde.

Ich antwortete immer noch nicht, sah dieser Angelegenheit aber mit großem Vergnügen entgegen.

Als die sieben Tage verstrichen waren, traf ein weiterer Brief ein, diesmal wiederum von der Versicherungsgesellschaft. Er enthielt einen Scheck über
1052,68 DM. Ich ließ diesen Scheck auf meinem
Konto gutschreiben und hörte nie wieder etwas von
dieser Angelegenheit.

Ich muß noch etwas hinzufügen, denn während ich dieses Kapitel schrieb, hörte ich von der am wenigsten erfolgreichen Straftat, die jemals verübt worden ist: Ein Herr mit einem irischen Namen wurde zu einem Monat Gefängnis verurteilt, da er sich an seinem Stromzähler zu schaffen gemacht hatte.

Und da er ihn in die falsche Richtung gestellt hatte – vorwärts statt rückwärts – mußte er außerdem eine Stromrechnung von 2 400 DM bezahlen – anstatt der üblichen 140 DM.

## Von armen Millionären

Ich bin kein grüblerischer Mensch, besonders über Geld mache ich mir keine Gedanken. Was ausgegeben ist, ist eben weg.

Aber es gibt ein einziges finanzielles Rätsel in meinem Leben, das ich doch gerne lösen würde. Als junger Journalist in Budapest bekam ich ein recht annehmbares Gehalt. Ich hatte bereits den beliebten Schlager dieser Zeit erwähnt, demzufolge ein Mann mit einem monatlichen Einkommen von 200 Pengö ein glücklicher und sorgenfreier Mensch, ja, sogar ein glücklicher und sorgenfreier Familienvater war. Mein Monatseinkommen belief sich auf über tausend Pengö, also hätte ich fünfmal so glücklich und sorgenfrei wie dieser Familienvater sein müssen. Eigentlich noch mehr als fünfmal, da ich noch bei meinen Eltern wohnte, keine Miete bezahlte und mich um Strom, Gas, Wäsche waschen usw. nicht zu kümmern brauchte (erst viel später, in London, bemerkte ich, daß solche Dinge existieren). Zu Hause bekam ich immer mein Frühstück und so viele andere Mahlzeiten, wie ich haben wollte. Den größten Teil der Unkosten für meinen Wagen bezahlte mein Stiefvater. Öffentliche Verkehrsmittel – Straßenbahnen, Busse und sogar Züge – konnte ich umsonst benutzen, da ich Journalist war. Und was vielleicht am wichtigsten ist, ich bin niemals ein leichtsinniger Verschwender gewesen, niemals hatte ich irgendwelche kostspieligen Angewohnheiten. Ich trank nicht, ich spielte nicht, verabscheute Nachtklubs und blickte immer auf Leute herab, die ein zu großes Augenmerk auf ihre Kleidung legten. Ich hätte eigentlich reich sein müssen, fand mich aber immer ohne einen Pfennig in der Tasche. Ich mußte meine Mutter oft um winzigste Summen bitten – manchmal nur um einen einzigen Pengö! –, damit ich eine Tasse Kaffee zu mir nehmen konnte, wenn ich ins Café ging. Von Zeit zu Zeit zermartere ich mir noch immer mein Hirn, um dieses Rätsel zu lösen. *Wie* konnte es angehen, daß andere in der Lage waren, mit einem Fünftel meines Einkommens ihre Familie zu ernähren, während es für einen bescheidenen Junggesellen wie mich, der nicht einmal für seine Lebensbedürfnisse aufzukommen brauchte, nicht ausreichte?

Ich sage mir, daß ich zu jung und unerfahren gewesen bin, um mit Geld umzugehen – aber die Erklärung reicht nicht aus, da mich dieses Mysterium in leicht abgewandelter Form bis nach England begleitete. Damals bekam ich ein Gehalt von meinen Budapester Zeitungsverlagen. Oft geschah es, daß mein Geld nicht rechtzeitig eintraf, doch dann erhielt ich eine Nachzahlung für zwei, drei oder vier Monate. In den folgenden Jahren, als der Kontakt zu den Zeitungsverlagen abgebrochen war, ging es mir (finanziell gesehen) zeitweise sehr schlecht – aber manch-

„Sie sollten ein Hobby haben –
eine – äh – Leidenschaft"

„Meinen Sie das macht mich
glücklicher?"

„Aber sicher – sehen Sie
meine Leidenschaft
beispielsweise ist Geld."

mal verdiente ich auch beträchtliche Summen. Und ob ich nun ohne einen Pfennig dastand oder mich als wohlhabend bezeichnen konnte, mein Lebensstil änderte sich dadurch überhaupt nicht. Manchmal wußte ich nicht (und normalerweise kratzte es mich auch nicht), woher ich meine nächste Mahlzeit bekommen sollte. Auf der anderen Seite gab ich mich, selbst wenn ich über viel Geld verfügte, keinen Freß- geschweige denn Sauforgien hin. In der Regel konnte ich es mir nicht leisten, feudale Restaurants zu besuchen; wenn ich in der Lage dazu war, machte ich einen großen Bogen um sie. Ich muß noch einmal darauf hinweisen: Ob ich nun Geld hatte oder nicht, ich trank nicht, aß nicht übermäßig viel, spielte nicht und ging keinen teuren Hobbys nach. Auf der anderen Seite kann ich mich, egal, wie abgebrannt ich war, nicht daran erinnern, jemals eine einzige Mahlzeit ausgelassen zu haben, weil ich sie nicht bezahlen konnte. Durch diesen unveränderlichen Lebensstil kam ich auf eine äußerst wichtige Schlußfolgerung, nämlich zum ERSTEN MIKESSCHEN WIRTSCHAFTSGESETZ:

*Der Lebensstil eines Menschen hat nichts mit seiner finanziellen Situation zu tun.*

Die Menschen kommen entweder reich oder arm auf die Welt, und das hat nichts zu tun mit ihrem oder ihrer Väter Bankkonto. Es hängt einzig und allein von ihrem Charakter ab. Wir kennen alle die knickrigen Reichen, die nicht in der Lage sind, ihren Reichtum zu genießen, und somit im Elend leben. Wir kennen alle die verschwenderischen Armen – und tun so, als ob wir sie verachten würden, obwohl wir sie im Grunde beneiden. Sie sagen: »Ich wünschte, ich könnte es mir leisten, so zu leben, wie ich lebe.« Und irgendwie *können* sie es sich leisten. Doch wir kennen auch die geizigen Armen und die verschwenderischen Reichen. Ich kenne Leute, deren Vermögenslage sich im Laufe ihres Lebens extrem geändert hat – manchmal sogar mehrmals. Ein Freund von mir war recht wohlhabend gewesen; in dieser Zeit gehörte er zu den großzügigsten und verschwenderischsten Gastgebern. Später lebte er in ärmlichen Verhältnissen, blieb jedoch der großzügige und verschwenderische Gastgeber. Ich habe keine Ahnung, wie er das schafft.

Er auch nicht.

## Geräucherter Lachs – im »Ritz«?

Es ist natürlich einfacher, ein reicher Geizhals zu sein als ein übermäßig verschwenderischer armer Mensch. Aber Schwierigkeiten können immer bewältigt werden.

Es scheint unbestreitbar zu sein, daß man zum Verschwenden Geld benötigt. Das stimmt. Doch dazu braucht man nicht unbedingt sein eigenes Geld. Einer ehrwürdigen, einflußreichen Philosophie der Armut zufolge ist es klug, die psychischen Mißbildungen zu vermeiden, die auftreten, wenn man zuviel Geld besitzt; genauso klug ist es aber, sich an dem Geld von anderen zu erfreuen. Das Ziel dieser Philosophie ist, nicht Millionär zu *sein,* sondern wie ein Millionär zu leben.

Meinen eigenen Erfahrungen nach sind Millionäre überarbeitete, ängstliche Menschen, die unter dem ständigen Druck stehen, ihr Geld zu beschützen und ihr Ansehen wahren zu müssen. Dazu bemerkte ein kluger Mann einmal ganz richtig: »Das Schlimme am Reichsein ist, daß man mit reichen Leuten zusammenleben muß.«

Aber für die Mittellosen ist es weniger schlimm, mit den Wohlhabenden zusammenzuleben und all die Annehmlichkeiten ihrer Reichtümer zu genießen. Arme Leute sind in einer derartigen Stellung wirklich sorgenfrei; sie haben ein langes Leben und sind überaus gesellig. Und das führt uns zum ZWEITEN MIKESSCHEN WIRTSCHAFTSGESETZ:

*Nur ein armer Mensch kann wie ein Millionär leben.*

Es sind nicht sosehr die Reichen, sondern die *Geldbesessenen* – reiche *und* arme –, die die Atmosphäre vergiften. Sie haben für sich selbst bestimmte Regeln aufgestellt: 1. Man muß sich mit bekannten Leuten umgeben, mit Leuten, die gerade im Rampenlicht der Öffentlichkeit stehen. Es ist vorteilhaft, zusammen mit Fernsehstars – egal, wie hohlköpfig sie sind – gesehen zu werden oder mit kichernden Akteuren, die durch idiotische, im Radio übertragene Quizsendungen bekannt geworden sind, oder mit Boxern und Jockeys (aber nicht mit Fußballspielern). Wissenschaftler und Denker dagegen – oder andere außergewöhnliche Persönlichkeiten, die nicht in den Klatschspalten der Zeitungen auftauchen – sind von keinem Interesse. 2. Schriftsteller sollten nach der Anzahl ihrer verkauften Bücher klassifiziert werden. Die Autoren von niveaulosen Bestsellern sind interessant; die Autoren von brillanten Büchern, die von den Intellektuellen hochgeschätzt werden ... na ja, wer kennt sie überhaupt? 3. Geld ist das einzige, was von Wert ist: Geld ist meßbar, sonst nichts.

Hieraus lassen sich nun zwei Schlußfolgerungen ziehen.

*1. Reiche Leute können sich viel weniger leisten als arme.*

Eine arme Person hat die Möglichkeit, an *jedem* Ort zu leben, der ihm gefällt; der Reiche muß eine *»gute Adresse«* vorweisen können. Ein Kellerloch in Mayfair ist immer noch einem entzückenden Haus, selbst im »aufsteigenden« Barnes, vorzuziehen. Ich bin ein stolzer und eitler armer Mensch und davon überzeugt, daß ich, wo ich auch wohne, eine gute Adresse habe. Gut genug für mich. Einige der Wohlhabenden bemerken nicht, daß jede Adresse miserabel wird, sobald es ihre ist.

Mein Lieblingsrestaurant ist ein tschechisches, das sich in Hampstead befindet und von einer genialen Köchin, die das gewisse Etwas besitzt, geführt wird. Die Einrichtung ist nicht gerade hervorragend, es gibt kein Original von *Picasso* oder etwa einen kristallenen Kronleuchter zu entdecken, aber wenn man sich dort etwas umsieht, kann man ziemlich sicher sein, daß die Qualität des Essens für *Frau H.* wichtiger ist als frische Farbe. Reiche Leute könnten es sich nicht *leisten,* hier gesehen zu werden. Sie würden das Restaurant möglicherweise regelmäßig besuchen, wenn Frau H. die Preise vervierfachen würde, doch sie kalkuliert so knapp, wie es geht, und keine reiche Person darf auch nur daran denken, so wenig bezahlen zu müssen. So sind die armen reichen Leute gezwungen, Orte aufzusuchen, wo sich die Qualitätsstufen des Essens zwischen »mittelmäßig« und »ungenießbar« bewegen, die Gemälde an der Wand jedoch mit denen der Nationalgalerie mithalten können.

Armen Leuten ist es möglich, sich ebenso schlecht zu kleiden wie die vornehmsten Aristokraten. Na gut

... vielleicht können sie nicht ganz so verwahrlost herumlaufen wie etwa der elfte Earl von Soundso, doch sie brauchen sich nicht mit einer solchen Belanglosigkeit wie die der Kleidung abzugeben. Einige mittellose Leute übertreiben es und laufen in Lumpen herum, nicht weil sie sich keine billigen, aber gutaussehenden Klamotten leisten können, sondern weil sie wie Aristokraten oder wie die in wohlhabende Familien hineingeborenen Reichen aussehen wollen: ein snobistisches, *neuarmes* Verhalten. Die Reichen müssen dagegen – zum Beispiel auf Hochzeiten – solch altmodische und lächerliche Kleidungsstücke wie Frack und Zylinder tragen.

Ich machte einmal den törichten Fehler, mir für eine königliche Gartenparty Frack und Zylinder auszuleihen. Selbst auf der Party schämte ich mich noch durch und durch vor mir selbst. Daraufhin legte ich ein Gelübde ab: *Nie wieder!* Und dies ist eines der wenigen Gelübde, die ich gehalten habe. Lieber will ich in einer mittelalterlichen Ritterrüstung gesehen werden als in Frack und Zylinder.

2. Die zweite Schlußfolgerung, die man aus dem ausschließlichen Interesse an Geld ziehen kann, ist, daß *nur der Arme wirklich genießen kann; der Reiche leidet, wenn auch nur irgend etwas nicht in Ordnung ist.*

Ein mittelloser Mensch weiß die guten Dinge im Leben zu würdigen, da sie für ihn etwas Außergewöhnliches bedeuten. Die reiche Person rümpft die Nase darüber, teilweise, um zu zeigen, daß sie nicht beeindruckt ist, und teilweise, weil sie einfach fürchterlich verwöhnt ist und ihre Fähigkeit, zu genießen, durch die außergewöhnliche Fähigkeit, Fehler zu entdecken, ersetzt worden ist. Ein armer

Mensch wird einem Konzert mit Vergnügen zuhören; dem Reichen wird lediglich auffallen, daß *X* das Violinkonzert nicht ganz so perfekt spielte wie *Y*. Der Arme wird ein großartiges Mahl in einem vornehmen Restaurant (falls er einmal eingeladen wird) genießen, der Reiche würde nur bemerken, daß das Essen im *»Gavroche«* nicht ganz so gut ist wie bei Père Bise im *»Talloires«* oder daß sein Zimmer im *»Claridges«* nicht so prächtig eingerichtet war wie das im *»Georges V.«* in Paris (oder umgekehrt).

Das hervorragendste Beispiel dieses Verhaltens hörte ich von einem Freund: Ein Mädchen wurde von ihrer Mutter zum Mittagessen ins *»Ritz«* mitgenommen (wohin sonst?). Mein Freund mußte sie begleiten, da er geschäftlich mit der Dame zu tun hatte. (Er beriet sie in finanziellen Angelegenheiten.) Sie waren in großer Eile, denn gleich nach dem Mittagessen mußte die Dame noch einen Termin wahrnehmen. Noch vor der Bestellung verschwand das Kind auf die Toilette. Um Zeit zu sparen, bestellte ihre Mutter den ersten Gang für sie mit. Als das Mädchen zurückkehrte, entdeckte sie auf ihrem Teller geräucherten Lachs. Durch diesen Anblick wurde sie äußerst gereizt.

»Oh, Mutter!« quengelte sie. »Du *weißt* doch, daß ich den geräucherten Lachs im ›Ritz‹ nicht mag!«

Hier zeigt sich in aller Kürze das Elend der Reichen...

## Ein paar Tränen für einen Bankier

Für mein Thema ist es unbedingt erforderlich, daß ich eine Geschichte – leicht gekürzt – noch einmal erzähle. Sie taucht bereits in meiner Autobiographie auf, und ich entschuldige mich hiermit bei den Millionen meiner Leser, die sie schon kennen.

Der Chefredakteur meiner Budapester Zeitung, *Miklós Lázár,* war ein begeisterter Wanderer; noch mehr Enthusiasmus brachte er allerdings für einen Besuch im türkischen Bad auf. Wenn er jemanden von uns im Büro herumhängen sah, lud er ihn ein, mitzukommen, wobei nur sehr wenige Entschuldigungen akzeptiert wurden. Ich haßte diese Spaziergänge und noch viel mehr die türkischen Bäder. Wenn wir die Gefahr witterten, flohen wir oder zogen uns in sichere Räume zurück, doch es war nicht zu verhindern, daß er hin und wieder mal den einen, mal den anderen von uns erwischte.

Eines Tages war ich wieder an der Reihe, und er schlug vor: »Komm, laß uns *Simi Krausz* besuchen!«

Das schien ja nun eine ganz andere Sache zu sein, ein wirklich vielversprechender Vorschlag! Simon Krausz war nämlich eine legendäre Persönlichkeit: ein ehemaliger Bankier, einst ein Multimillionär, vermutlich der reichste Mann in Ungarn. Und wie nur sehr wenige Millionäre zeichnete er sich durch eine verwegene Freigebigkeit aus. Vielleicht war er als Neureicher etwas unsicher und fühlte, daß er sich die Zuneigung und die Bewunderung der Leute erkaufen mußte. Welche Gründe es auch gewesen sind, er warf äußerst großzügig mit dem Geld um sich. Seine Freunde und Freundinnen belohnte er königlich; ein Hoteldiener, der ihm in seinen Mantel half, erhielt beispielsweise ein Trinkgeld von fünfzig Mark. In den Klatschspalten konnte man immer wieder Anekdoten über Simi Krausz lesen – einige davon habe ich selbst geschrieben. Doch eines Tages machte er plötzlich Bankrott und war vollkommen ruiniert. Die Zeitungen berichteten, daß er nun in Armut lebte. Ich war sehr daran interessiert, ihn zu sehen, obwohl ich mich vor einem endlosen Fußweg fürchtete, der meiner Ansicht nach in eine der abgelegenen, billigeren Vororte gehen müßte, wo sich seine trostlose, enge Wohnung befinden würde.

Doch wir gingen kaum zehn Minuten, als mein Chefredakteur vor einer edlen Villa in *Andrássy ut,* dem elegantesten Viertel Budapests, stehenblieb. Ein riesiger, schwarzer Packard ragte aus der Garage hervor, und ein Chauffeur in Dienstuniform bastelte am Motor herum. Empfangen wurden wir von einem Butler. Zwei Diener servierten uns das Mittagessen – Kaviar, Wildbret und ein Schokoladensoufflé –, was darauf hindeutete, daß in der Küche ein exzellenter Koch beschäftigt sein mußte.

Auf unserem Rückweg bemerkte ich: »Ich dachte, daß Simi Krausz arm wäre.«

Làzàr seufzte: »Schrecklich arm. Er ist geradezu verzweifelt.«

»Aber er wohnt in einer der elegantesten Villen von *Andrássy ut?*«

»O ja, weil die Villa durch Hypotheken so immens belastet ist, daß es für seine zahllosen Gläubiger einfach keinen Wert hat, das Gebäude zu versteigern.«

»Er hat einen riesigen Straßenkreuzer?«

»Eine alte Schrottkiste.«

»Und Personal. Mindestens fünf Leute, vielleicht noch mehr?«

»Armer Kerl. Er schuldet diesen Leuten so viel Geld, daß sie es sich nicht leisten können, ihn zu verlassen.«

»Und das Mittagessen, daß er uns servieren ließ?«
»Was ist ein Mittagessen? Soll der denn verhungern?«

Ich bemerkte mit einiger Überraschung, daß mein Chefredakteur *wirklich* Mitleid mit diesem Mann hatte. Ich sollte wohl einige Tränen für den armen Simi Krausz vergießen. Doch er *wohnte* in einem eleganten Haus im teuersten Viertel der Stadt; er *hatte* einen Straßenkreuzer und Hauspersonal; und ich *habe* seinen Kaviar mit dem edelsten Moselwein hinuntergespült, gefolgt von rotem Burgunder, der zum Wildbret gereicht worden ist.

Ich habe diese Geschichte noch einmal erzählt, weil daraus das DRITTE MIKESSCHE WIRTSCHAFTSGESETZ hervorgeht:

*Wenn ein reicher Mensch ruiniert ist, geht es ihm immer noch besser als einem armen Menschen, der reich geworden ist.*


## Eine (sehr) kurze Weltgeschichte der Armut

Die erste Generation der Höhlenmenschen war nicht arm. Zugegeben, sie konnten sich nur an wenigen Luxusgütern erfreuen, doch, vom damaligen Standard aus gesehen, empfanden sie ihre Situation als komfortabel. Es geschah in der zweiten Generation, daß eine Familie der Höhlenbewohner – sie hieß Schmidt – einen Stein polierte, schärfte und schließlich für alle möglichen Dinge benutzte, etwa um Hasen abzuhäuten oder Muscheln zu öffnen. Diese Neuerwerbung machte – manchmal im wahrsten Sinne des Wortes – Hackfleisch aus ihren Nachbarn.

Nun wollten alle einen polierten Stein mit scharfen Kanten haben und hielten das Leben für unerträglich, wenn sie nicht mit den Schmidts mithalten konnten.

*Die Armut war entstanden.*

Die gleiche Familie Schmidt versah auch die Wände ihrer Höhle mit Zeichnungen von Mammuts, was eine Zeitlang ebenfalls Neid und Rivalität hervorrief. Doch diese Auswüchse verflüchtigten sich schon bald, nachdem einer der Schmidts erklärte, daß es sich bei den Zeichnungen nicht um Originale handelte.

Seit diesen Tagen war es für die Menschen einfach, ihre *eigene* Armut zu erdulden, aber unmöglich, den Reichtum *anderer* zu ertragen. Die Armen befanden sich jedoch immer in der Überzahl, und das Problem für die Reichen bestand immer darin, wie man die Mittellosen unterjochen konnte und wie man sie dazu bewegen sollte, erstens, daß sie Ruhe und Ordnung hielten, und zweitens, daß sie die Reichen ehrten und ihnen dienten.

Um zu überleben, haben sich die Armen im Laufe der Geschichte drei gar treffliche Dinge einfallen lassen, die sie versuchten, in die Tat umzusetzen:

1. Gelegentlich haben sie gegen die Reichen revoltiert. All ihre Aufstände von Spartakus bis zur schweizerischen Revolte gegen die alles beherrschenden Zünfte im 17. Jahrhundert (die Schweizer sind schon immer etwas langsam gewesen) wurden niedergeschlagen, und es ist schwer zu sagen, wer für die schlimmsten Schandtaten und Grausamkeiten in diesen Kämpfen verantwortlich war: die wohlerzogenen und edlen Sieger oder die ungebildeten und aufgebrachten Rebellen.

2. Dann verbreiteten die Armen die Theorie, daß alle Menschen gleich seien. Die Erfüllung dieses Wunschbildes schlug fehl, da die Menschen nicht gleich sind. Es stimmt nicht im entferntesten, daß der Bessere gewinnt. Sehr oft ist es derjenige, der gemeiner, rücksichtsloser, skrupelloser, grausamer und listiger agiert. Aber die Sache ist die, daß die Leute nicht in gleichem Maße gemein, rücksichtslos, skrupellos, grausam und listig sind, genausowenig wie sie in gleichem Maße unternehmungslustig, mutig, einfallsreich und intelligent sind. Kurz gesagt: Die Menschen sind nicht gleich.

3. Schließlich betrat die brillanteste Theorie die Weltbühne: der Marxismus. Die Marxisten erklärten, daß (die Ansicht von der Gleichheit der Menschen verwerfend) eine Klasse der Gesellschaft, nämlich das Proletariat, besser wäre als die anderen. Es war nun geschehen, daß das Proletariat – nicht durch eigene Fehler, sondern durch das Verschulden der Reichen – unterdrückt wurde. Als sich dieser Grundsatz, daß die unterste Gesellschaftsklasse die beste war, herumgesprochen hatte, fügten die Marxisten hinzu: Zur Hölle mit der Gleichheit, laßt uns die Plätze tauschen. Laßt die Armen reich sein und die Reichen arm. Grundsätzlich handelte es sich um eine gute und faire Idee, und da es weit mehr Arme als Reiche auf der Welt gab, fand diese Idee Anklang bei den Massen. Doch die Mittellosen wußten nicht, wie sie es anstellen sollten, reich zu sein; sie waren eben Anfänger auf diesem Gebiet. Und sie wurden wiederum übers Ohr gehauen. Es bildete sich eine neue Klasse von Reichen und Habgierigen heraus, das Schicksal der Massen blieb das gleiche – außer daß es schlechter wurde. Man sagt, daß im Kapitalis-

mus ein Mensch von einem anderen ausgebeutet wird; im Kommunismus ist es umgekehrt.

So bildeten die Reichen in allen Gesellschaften die oberste Klasse und mußten ihre Stellung absichern oder, besser noch, ausbauen. Wie gingen sie nun vor? Indem sie Gott zu Hilfe holten. Es war *Sein* Wunsch (so sagten sie), daß die Armen arm und die Reichen reich sind. Wie konnte ein vernunftbegabter Mensch denn von Gott erwarten, eine Ordnung zu erschaffen, in der Arme reich und Reiche arm sind? Diese Infragestellung *Seiner* Intelligenz grenzte schon an Gotteslästerung.

Diese Ordnung funktionierte lange Zeit sehr gut – solange wie die Feudalgesellschaft keine Mobilität zuließ: als reicher Mensch geboren, für immer reich; als Bettler geboren, für immer ein Bettler. Aber die Entwicklung des Kapitalismus und der Wirtschaftsbeziehungen veränderte diese Ordnung. Es ist viel über den archetypischen Reichen geschrieben worden, der mit nichts anfing und Millionen machte; weniger über den archetypischen Armen, der mit Millionen begann und alles verlor. Diese beiden Menschentypen tauchten nun auf. Es war möglich, in der Hierarchie der Gesellschaft auf- und abzusteigen.

Gott – der sowieso begann, altmodisch und unbedeutend zu wirken – verlor langsam, aber sicher *Seinen* guten Ruf. In den kapitalistischen Gesellschaften war die von *Ihm* aufgestellte Ordnung dem Chaos gewichen, während sich in den marxistischen Gesellschaften nun der Arme im Schloß befand und der Reiche vor dem Tor stand, was genauso unfair war wie die alten Verhältnisse. So mußten die Sozialisten nun *ihre* ungerechte Gesellschaft verteidigen und deshalb einen neuen Mythos schaffen.

Im Kapitalismus werden die »unteren Klassen«, die Mittellosen und Unterdrückten, verachtet; im Sozialismus werden sie in gleicher Weise behandelt, nur mit dem Unterschied, daß man sie glorifiziert. Alles geschieht angeblich im Dienste der Armen; der Arbeiter wird als das edelste und wunderbarste Geschöpf angesehen. Alle Macht und sämtliche Reichtümer des Landes gehören ihm. Sollte er dies bezweifeln, wird er eingesperrt oder als Verräter seiner Klasse hingerichtet. Die Fabrik gehört ihm, also arbeitet er für sein eigenes Wohl und für seine mitarbeitenden Genossen. Es geht in Ordnung, gegen einen kapitalistischen Ausbeuter zu streiken, aber gegen sich selbst zu streiken – gegen Selbstausbeutung – ist dumm und kriminell. Es ist in der Tat sinnlos, mehr haben zu wollen, wenn man alles hat – wie dumm nur, daß man nichts hat.

Jedes System hat Reiche und Arme hervorgebracht, Unterdrücker und Unterdrückte. In jedem System mußte eine winzige Minderheit die große Mehrheit dazu bewegen, daß sie ihr Schicksal hinnahm, dabei fröhlich war und überdies noch ihre Unterdrücker verehrte. Aber dabei gibt es natürlich Unterschiede.

1. Im Sozialismus ist der Mittellose so arm wie eine Kirchenmaus. Im Kapitalismus ist er genauso arm wie eine Kirchenmaus, doch in einem kapitalistischen System geht es den Kirchenmäusen um einiges besser.

2. Im Kapitalismus ist es den Kirchenmäusen erlaubt, ein Quieken von sich zu geben. Im Sozialismus müssen sie den Mund halten.

Gelegentlich wird diese arme, unterdrückte Kreatur – der man erzählt, daß alle Macht ihr gehört – dazu aufgerufen, für ihr Privileg, angekettet zu sein, zu kämpfen. Das ist brutal. Wenn die Geschichte uns irgend etwas lehren kann, dann ist es dies: Die Menschheit liebt es, ihre Ketten zu *wechseln*.

## Tempora mutantur

An der Bar meines Klubs sprach jemand über ein abwesendes Mitglied und bemerkte: »Der Unglücksrabe... Es geht ihm so hundsmiserabel, daß er – wie man so sagt – nicht einmal mehr seine Haare sein eigen nennen kann.«

Sein Nebenmann bemerkte dazu, wobei er sich versonnen über sein Toupet fuhr: »Heutzutage muß man schon verdammt wohlhabend sein, um seine Haare sein eigen nennen zu können.«

## Über die Armut der Tiere

»Nur der Mensch ist arm.« Mehrere Male traf ich bei meinen außergewöhnlich sorgfältigen und unermüdlichen Nachforschungen zu dieser Abhandlung auf eben diese Behauptung. Man braucht nur einige armselige, hungrige, verfolgte Straßenhunde, die von Tür zu Tür gejagt werden, mit einem von einer überkandidelten Dame verwöhnten Schoßhund, der zweimal die Woche schampuniert und maniküriert wird, zu vergleichen, um zu sehen, daß diese Behauptung unhaltbar ist. Außerdem habe ich gehört, daß nur Menschen wahre Christen sein können, was genauso unzutreffend ist. Was *stimmt*, ist, daß die Armut der Tiere immer vom Menschen herbeigeführt wird, während der christliche Glaube der Tiere von ihrem Instinkt herrührt. Mein Kater *Ginger* ist sehr arm gewesen; außerdem war er ein guter Christ.

Vor fünf Jahren habe ich die Lebensgeschichte meiner damals einzigen Katze *Ziza* veröffentlicht. (Am Tag darauf stand ich vor meinem Haus, Ziza zu meinen Füßen, als zwei Damen vorbeikamen. Sie beachteten mich nicht, ja bemühten sich geradezu, mich zu ignorieren. Die eine sagte zur anderen: »Dort ist Ziza.« Worauf die andere erwiderte: »Sei nicht töricht. Ziza kann nicht mehr am Leben sein.« Nun, Ziza ist immer noch quicklebendig. Mit ihren dreizehn Jahren wirkt sie schon etwas wie eine ältere Dame, aber wie viele andere ältere Damen zeigt sie sich jugendlich, adrett und ausgelassen.) Das Buch (*»So ein Katzenleben«*) ist dreien dieser Spezies gewidmet, allesamt gute Freunde von mir. Die Widmung lautet: »Für *Harry,* ein Errol Flynn; für *George,* ein Albert Einstein; und für *Ginger,* ein Heiliger unter den Katzen.«

Ginger, meine zweite Katze, gehörte vorher einem Nachbarn und war immer fürchterlich hungrig. Der Kater sah äußerst vernachlässigt aus, sein Fell war rauh und mit abstoßenden Wunden bedeckt, seine Augen zeigten einen bettelnden, hungrigen Blick. Gingers Armut war ohne Zweifel vom Menschen herbeigeführt worden, und seine ökonomische Situation sah unbestreitbar erschreckend aus.

Ich begann, ihm jeden Morgen etwas zum Fressen zu geben. Da Ziza eine krankhafte Eifersucht an den Tag legte, fütterte ich Ginger draußen auf dem Innenhof. Doch ich kann nicht alles auf Ziza schieben: Ich *wollte* keine zwei Katzen haben; ich *wollte* nicht, daß Ginger zu lange im Haus blieb. Dann tauchte ein häßlicher kleiner Kater auf, der im weiteren Umkreis unter dem Namen *Beelzebub* bekannt war. Noch verwahrloster und unglücklicher als Ginger, ungeliebt und unerwünscht, wurde er von anderen Katzen gejagt, von allen verachtet – außer von Ginger. Jeden Morgen kamen sie zusammen auf meinen Innenhof, und der arme, hungrige Ginger ermutigte Beelzebub bereitwillig – in der Tat so zuvorkommend wie ein perfekter Gastgeber –, seine wahrscheinlich einzige Mahlzeit des Tages mit ihm zu teilen. Für mich ist dies die christlichste Tat der letzten fünfundzwanzig Jahre gewesen – die Worte und Taten des allseits beliebten polnischen Stars in Rom eingeschlossen.

Der arme Ginger wurde schließlich zum reichen Ginger. Beelzebub ging zur BBC (er bekam einen Job als Mäusefänger in den Lime Groves Studios), und Ginger wurde ungefähr zur gleichen Zeit von meinem Nachbarn hinausgeschmissen. Nun hatte er nicht einmal mehr einen Schlafplatz, also verbrachte er die Nächte vom Sommer bis zum Frühherbst draußen. Dann wurde es bitterkalt, und Gingers Gesundheit, ja sein Leben war in Gefahr. Aus einem Pappkarton baute ich ihm ein kleines Haus (eine Holzkiste konnte ich nicht auftreiben) und füllte es mit alten Kleidungsstücken und Decken, damit er es warm hatte. Jeder, der meine handwerklichen Fähigkeiten kennt, wird nicht darüber verwundert sein, daß meine architektonische Geschicklichkeit nicht ausreichte, um Ginger vor dem Erfrieren zu schützen. So mußte ich ihn also ins Haus nehmen, was beträchtliche Spannungen verursachte. Jemand war in das Territorium der eifersüchtigen Ziza eingedrungen, man hatte sie ihrer Monopolstellung beraubt.

„Wie alle Menschen – Fressen, saufen und auf die Rente warten"

Ginger war sich dessen vollkommen bewußt. Er zeigte sich zurückhaltend, bescheiden und etwas verschüchtert. Heute, einige Jahre später, sind die beiden Katzen unzertrennliche Freunde, sie lieben sich und schlafen, einander zärtlich umarmend, manchmal auf einem Sessel, manchmal auf meinem Schoß. Ginger liebt Ziza mit einer wahren christlichen Aufrichtigkeit; während Ziza Ginger mit der Begeisterung einer alternden Frau für die athletische Jugend liebt.

Ich konnte niemandem zum Reichtum verhelfen; aber ich konnte dafür sorgen, daß Ginger recht wohlhabend wurde. Er hat ein Haus und Zentralheizung, außerdem die emotionelle Wärme, die er braucht. Sein Fell ist seidenweich geworden, seine Wunden sind schon vor langer Zeit verheilt. Doch die Erinnerungen und die Angewohnheiten einer entbehrungsreichen Kindheit leben noch immer fort: Nachdem er ein reichliches, wohlschmeckendes Abendessen mit einer unersättlichen Gier verschlungen hat, setzt er sich hin, während ich meine Mahlzeit zu mir nehme, und beobachtet mich mit dem herzerweichenden, hungrigen Blick einer Katze, die seit einer Woche kein Futter mehr gesehen hat.

Es gibt noch weitere Überbleibsel aus seiner armutsvollen Jugendzeit. Er ist schrecklich ungebildet. Wir haben in der Schule alle gelernt, daß Katzen Fleischfresser sind. Ginger hat man dies jedoch niemals beigebracht. Die Folge ist, daß er das ganze Gemüse, was er finden kann, auffrißt: Erbsen, Blumenkohl, Bohnen, die Maiskörner an den Kolben. Ziza, eine Katze mit einer glücklichen Kindheit, würde diese Dinge nicht einmal ansehen.

Ginger ist darüber hinaus auch ein deutliches Beispiel dafür, wie Reichtum den Charakter verändern kann – egal, ob es sich nun um einen Menschen oder um eine Katze handelt. Ziza wurde krank und mußte längere Zeit im Krankenhaus verbringen. Ich nahm an, daß Ginger sie nun vermissen und verstimmt sein würde. Doch ich entdeckte kaum Anzeichen dafür, ja, er schien sogar glücklich zu sein. Und als Ziza schließlich wieder nach Hause kam, gebärdete sich Ginger ihr gegenüber genauso eifersüchtig – da er nun *seine* Monopolstellung verlor –, wie sie es damals ihm gegenüber getan hatte. Dies zeigt, wie etwas Geld in der Tasche eines Heiligen die ganze Heiligkeit beeinträchtigen kann.

Soviel zur Armut der Katzen. Bei der Armut der Nerze handelt es sich um eine eher belehrende, moralische Angelegenheit. Es folgt eine verwickelte Geschichte in drei Akten.

Es gibt nicht sehr viele Nerzfarmen in Großbritannien; eine davon befindet sich in Essex, geführt von einem gewissen *John Morley*. Einer der zahlreichen Tierschutzvereine kam zu dem Schluß, daß die Leiden der Nerze unerträglich sein müßten. Wie wir sehen werden, hatte man die Nerze in dieser Angelegenheit nicht konsultiert, doch die Mitglieder des Vereins wußten, daß Nerze gewöhnlich in freier Wildbahn lebten, und hielten es für fragwürdig, sie in Gefangenschaft dahinsiechen zu lassen. Eines Nachts schlichen sich die Tierfreunde in Morleys Farm hinein und befreiten einige hundert Nerze, die sogleich in die benachbarten Wälder verschwanden. Dies hatte einen ungeahnten Aufruhr zur Folge.

Nicht daß sich die Nerze schlecht benahmen. In keinster Weise. Doch ihr Ruf erwies sich als äußerst furchteinflößend. Der nationale Tierschutzbund teilte den Leuten mit, daß die Handlungsweise der sogenannten Tierfreunde im höchsten Grade verantwortungslos gewesen ist. Sie sagten, daß der Nerz sehr gefährlich sei – eines der gefährlichsten Tiere überhaupt; er gehört zur Familie der Marder, überaus wilden und bösartigen Geschöpfen. Zieht man das Gewicht und die Größe dieser Marderart in Betracht – erklärte der Tierschutzbund –, so sind Nerze gefährlicher als Tiger. Der Marder tötet nicht nur den unglücklichen Otter, der sowieso am Aussterben ist, sondern könnte sogar *Kinder* angreifen und töten.

Dies war der erste Akt der Geschichte. Die zweifellos gutgemeinte, jedoch sehr törichte Aktion, die Nerze freizusetzen, verursachte eine wilde Panik in der Umgebung, und verängstigte Mütter bangten um das Leben ihrer Kinder.

Dann geschah allerdings etwas Unvorhergesehenes. Die Nerze fielen die Kinder in Essex *nicht* an. Ein paar Stunden nach ihrer Befreiung, etwa zur Zeit ihrer morgendlichen Fütterung, kehrten sie sanftmütig und ergeben zur Farm zurück. Sie standen Schlange, um einer weiteren Zeit der Gefangenschaft entgegenzugehen. In großen Gruppen kamen sie allmählich herbei. Herr Morley traute seinen Augen nicht. Doch was die Nerze dazu veranlaßte, war offensichtlich: Sie wollten lieber eine gute beheizte Unterkunft mit ausreichender, wohlschmeckender Verpflegung haben, als die Gefahren und die Unbequemlichkeiten des Waldes, wo man auf die Jagd gehen mußte und gejagt wurde, auf sich zu nehmen. Mit anderen Worten: Sie zogen den Komfort der Freiheit vor und – meines Erachtens eine falsche Entscheidung! – den Reichtum der Armut. Nerze sind eben sehr menschlich.

Freiheit bedeutet, Verantwortung für sich selbst zu übernehmen – eine Entscheidung, vor der sich Marder und Mensch gleichermaßen drücken. Einen Nerzmantel zu tragen scheint auf beide eine demoralisierende Wirkung auszuüben…

Hiermit ist die Geschichte jedoch noch nicht beendet. Es fehlt der dritte Akt, der noch erzählt werden muß. Und es handelt sich um einen traurigen Akt. Man könnte vielleicht denken, daß die kleinen Nerze nach ihrem mysteriösen Abenteuer glücklich weiterleben würden, was jedoch nicht der Fall sein sollte. Nerze vermehren sich immens schnell. Die meisten Käfige wurden – vor der Befreiungsaktion – von einer vielköpfigen Familie bewohnt; alle Nerze in einem Käfig gehörten einer Familie an: die Eltern und zahlreiche Brüder und Schwestern. Sie kannten sich und hatten sich aneinander gewöhnt. Nach ihrem kurzen Ausflug in die Wälder gerieten die Familien durcheinander, so daß einander völlig fremde Tiere den gleichen Käfig teilen mußten, weshalb sie nicht zur Ruhe kamen. Es brachen bösartige Kämpfe aus, andauernd fielen sie übereinander her: Das Leben wurde zur Hölle. Der gute Wille der Tierfreunde hatte das ruhige, glückliche Leben der Nerze zerstört. Dies ist die zweite Lehre, die wir aus dieser Geschichte ziehen können: Mit unseren Feinden können wir im allgemeinen klarkommen, aber Gott schütze uns vor unseren Freunden!

## Der Snobismus der Neuarmen

Die philosophische Einstellung der Menschheit gegenüber der Armut hat sich im Laufe der Jahrhunderte immer wieder geändert (obwohl die Einstellung der Armen selbst im großen und ganzen die gleiche geblieben ist). Zu diesem Thema habe ich bereits einiges gesagt, doch ich muß noch einiges hinzufügen... oder, besser ausgedrückt: Ich muß diese Sache noch von einer anderen Seite her beleuchten.

Im alten Rom zerbrachen sich nicht wenige der Schriftsteller und Denker den Kopf über das Phänomen der Armut. So bemerkte *Seneca* beispielsweise: »Nicht der Mensch, der zuwenig hat, sondern der Mensch, der mehr haben will, ist arm.« Aber wir alle wissen, daß die unterdrückte, zerbrochene und apathische arme Person sich resignierend ihrem Schicksal fügt und daß es der habgierige Reiche ist, dem es nach mehr und mehr verlangt. Mit anderen Worten, *Seneca* behauptet, daß der Arme nicht arm ist (weil er sich seinem Schicksal ergibt), während die tatsächlich arme Person der Reiche ist (weil er immer mehr haben will). Eine interessante, jedoch nicht gerade überzeugende Theorie.

*Senecas* rechtfertigende Betrachtungsweise fand nicht die Zustimmung seines Zeitgenossen *Jesus Christus,* der die Reichen zornig verurteilte. »Gesegnet seid ihr Armen, denn euch gehört das Reich Gottes.« Vielleicht besaß *Er* besondere Informationen zu diesem Thema: *Er* verfügte über gute Beziehungen; in diesem Fall handelte es sich aber möglicherweise um ein Wunschdenken. Doch sicherlich stand *Er* auf seiten der Armen ganz im Gegensatz zu *Seiner* Kirche. Die Kirche diente den Reichen, sie war abhängig von ihnen, mit ihrem unermeßlichen Landbesitz war sie reich. Die Kirche wiederholte die Worte des *Christus,* doch in ihrem Sinne: Begreift, ihr Armen, daß ihr arm bleiben müßt. Leidet, plagt euch, schwitzt und hungert, und ihr werdet im Himmelreich großartig belohnt werden. Und wenn nicht – Pech gehabt.

So plagten sich die Armen ab, litten und hungerten, und nur sehr wenige kamen aus ihrem Grab zurück, um sich zu beschweren. Nicht nur sehr wenige Engländer (wir wissen ja, daß die Engländer, ob reich oder arm, tot oder lebendig, es verabscheuen, sich zu beschweren), sondern sogar sehr wenige Deutsche oder Österreicher, die sich bekanntlich recht gerne beschweren. Niemals war ein verbittertes Wort von den Toten zu vernehmen. So gewöhnte sich die Welt langsam an die freundlichen, artigen Mittellosen, an die Leute, die bescheiden und scheu versuchten, ihre Armut zu verbergen. *Bernard Shaw* ging noch weiter. Er erklärte, daß die Armen nicht bescheiden und scheu sein sollten: Sie sollten sich durch und durch schämen. »Das größte Übel und das *schlimmste Verbrechen* ist die Armut.« (Von mir hervorgehoben – nicht daß es irgendwelche Bedeutung hat, von wem es hervorgehoben worden ist.)

Ordnungsgemäß (nach *Shaw*) schämten sich die Armen also. Aber nicht lange. Wo der Marxismus keinen Anklang fand, triumphierte Neckermann. Als ich zum erstenmal nach England kam, war es einfach, Reiche und Arme zu unterscheiden. Man brauchte sie nur anzusehen. Die Mittellosen konnten es sich nicht leisten, sich wie die Reichen zu kleiden, und wollten es auch gar nicht. Wenn das Reich Gottes ihnen gehören sollte, mußten sie also arm aussehen, damit alle Mißverständnisse bei der letzten Selektion ausgeschaltet wurden. Doch der Neckermannismus veränderte dies alles; es war ein schwerer Schlag gegen die Kirche – gegen alle Kir-

„Frisch aus N.Y. – Mit 'nem halben Riesen
weit unter'm Kurs veräußert."

chen. Die Leute begannen, sich zu gleichen. Es wurde immer schwieriger, die Hilfsarbeiterin von der Frau des Direktors zu unterscheiden, das Hausmädchen von ihrer Geldgeberin, den Fabrikarbeiter vom Betriebsleiter. Es gab natürlich noch Unterschiede; nicht jeder besaß einen Nerzmantel, die Qualität der Materialien war weiterhin recht verschieden, aber die klaren Abgrenzungen verschwanden allmählich, und es reichte nicht mehr aus, nur einen Blick auf eine Person zu werfen, um genau über seine oder ihre finanzielle und soziale Situation Bescheid zu wissen. Arbeiter – selbst ungelernte! – begannen, mit Autos herumzufahren und sich mit den Reichen um die Parkplätze zu streiten.

Langsam, aber sicher veränderten sich auch die Verhaltensweisen, und immer mehr Leute vertreten heute den herausfordernden Standpunkt dieses Buches: Die Reichen bilden eine vulgäre und bemitleidenswerte Gesellschaftsklasse, sie sind voller Sorgen, verfolgen die falschen Ziele, streben nicht nach den echten Werten, beten fragwürdige Götter an und wissen absolut nicht, wie man sein Leben genießt. Es ist viel besser, arm und sorgenlos zu sein und zu lernen, seine Armut zu genießen.

In den letzten Jahrzehnten konnte man hauptsächlich drei Phänomene beobachten, die viele Menschen dazu bewegten, diese Einstellung zu übernehmen:

1. Wahrscheinlich war es *James Burnhams* Buch, in der Mitte dieses Jahrhunderts erschienen, das den Leuten die Augen für die Revolution der Manager öffnete und uns bewußt machte, daß die Macht der Eigentümer auf die Manager übergegangen war – von denjenigen, die Kapital *besaßen,* auf diejenigen,

die mit dem Kapital *arbeiteten*. Die Aktionäre eines Konzerns nahmen auf dem Papier den höchsten Rang ein, doch im Grunde handelte es sich um einen unförmigen, machtlosen Haufen ohne eine einheitliche Stimme, während der oberste Manager machte, was er wollte. Die Macht gehörte ihm – und ebenso der Ruhm. Wenn er, was von Zeit zu Zeit geschah, einen Konzern in den Bankrott jagte, mußten sich die Aktionäre mit den offenstehenden Rechnungen beschäftigen, während er für ein höheres Gehalt einen anderen Konzern leitete und ruinierte. Es war viel vorteilhafter, ein armer Manager als ein reicher Aktionär zu sein.

Die Manager tauchten überall auf. Die reichen Aristokraten, die das Geschick Großbritanniens bis in *Disraelis* Zeit hinein geleitet hatten, traten in den Hintergrund, dafür übernahmen professionelle Politiker (die sich natürlich für besonders klug hielten) ihren Platz. Die Gewerkschaften fielen in die Hände eines Magnaten neuer Art, der nun wiederum von einer gefährlichen, raffinierten und manipulierenden Minderheit bedroht wird. Mit anderen Worten: Die Gewerkschaften gehören nicht ihren Mitgliedern, sondern den Managern.

Die Macht ist viel interessanter und erregender geworden als der bloße, angehäufte Besitz. Dies ist jedenfalls so in den westlichen Industriegesellschaften, wo jeder – oder fast jeder – auf gute Art und Weise leben kann. Es macht viel aus, ob man hungrig oder satt ist, aber es ist ziemlich egal, ob der Magen nun mit geräuchertem Lachs oder mit Pommes frites gefüllt ist: Hauptsache, er ist gefüllt. Der *wirkliche* Unterschied besteht darin, ein Auto zu besitzen oder keins zu besitzen, und nicht darin, einen Rolls-Royce oder einen gebrauchten Mini sein eigen zu nennen. Es ist ein beträchtlicher Unterschied, ob man stinkt oder nicht, jedoch nur ein kleiner, ob man ein teures französisches oder ein billiges englisches Parfüm benutzt.

Der hungrige, streng riechende Herumtreiber kann sich nicht über den wohlgenährten, gutgekleideten Herrn, dessen Rolls-Royce ihn mit Dreck bespritzt, amüsieren. Doch ein wohlgenährter, gutgekleideter und süßlich duftender armer Mensch, der den Rolls-Royce mit seinem Opel Cortina aus dritter Hand überholt, kann sich über jenen amüsieren. Und das tut er auch. Von diesem Punkt aus war es für die Armen nur ein kleiner Schritt, sich über den Snobismus der Reichen lustig zu machen und den *Snobismus der Armen* ins Leben zu rufen.

2. Ein weiterer Wesenszug, der dem Neureichen Spott und Verachtung einbrachte, ist, daß er seinen Platz in der Gesellschaft einfach nicht finden kann. Er verlangt fortwährend nach einer Veränderung. Hierbei handelt es sich um einen grundlegenden Unterschied zwischen dem emporkommenden Reichen und dem abwärtsgehenden Armen. Der niedergehende Arme – der ehemals Wohlhabende, der nun den finanziellen Abhang hinunterschliddert – wird sein Bestes versuchen, seinen früheren Lebensstil beizubehalten, und sich gegen alle Veränderungen wehren. Aber der emporkommende Reiche *will* sich verändern. Er will nicht nur ein größeres Haus in einem besseren Viertel und einen leistungsstärkeren, kostspieligeren Wagen haben; er will nicht nur teurere Restaurants, exklusivere Urlaubsziele und Hotels besuchen – und mit vornehmeren oder zumindest reicheren Leuten zusammentreffen. Natürlich wünscht

er sich dies alles, doch es verlangt ihn auch nach noch tiefergehenden Veränderungen. Entstammt er der Arbeiterklasse, so versucht er, seine umgangssprachlichen Redewendungen loszuwerden – aber dies ist nur ein Beispiel, nicht das wichtigste.

Man könnte vielleicht denken, daß reich werden eine befriedigende Wirkung ausübt und es einem ermöglicht, zur Ruhe zu kommen. Doch weit gefehlt. Man muß Dinge tun, die einem schon immer zuwider waren. Die Aristokraten werden zu Ausschüssen eingeladen und versuchen, von sich selbst den Eindruck zäher Geschäftsleute zu vermitteln; zähe Geschäftsleute werden reich und wollen wohlhabenden Aristokraten gleichen. Reich werden bedeutet nicht, daß man sich selbst findet; es bedeutet, daß man sein früheres Selbst verliert. Der aufwärtsstrebende Reiche hofft, seine Identität zu verlieren.

3. Die wichtigste Ursache für den Prestigeverlust der Reichen und den Prestigegewinn der Armen liegt darin, daß der Staat selbst arm geworden ist. Der großartige, herrliche, glanzvolle Staat läuft nun mit durchlöcherten Hosen herum und zeigt sein bloßes Hinterteil. Jede Lohnforderung wird unter dem Protest: Das können wir uns nicht leisten, beantwortet. Wir hören nicht mehr den alten, unverschämten Ruf: »Nein und damit basta!« Es heißt nun: »Es tut uns leid, aber das können wir uns nicht leisten.« Die öffentlichen Gelder müssen gekürzt werden, der Finanzminister ist sparsamer und knauseriger als die geizigste Hausfrau geworden. Es gibt riesige Privatvermögen in diesem Land, und die arbeitende Bevölkerung ist (noch) recht wohlhabend. Der *Staat* ist es, der verarmt ist. Die Redewendung vom »öffentlichen Glanz und privater Verwahrlosung« gehört der

„Schatz – du schreibst schon wieder?"
„Über die Armut mein Engel!"

Vergangenheit an. Heutzutage ist es umgekehrt. Wir befinden uns im Zeitalter des privaten Glanzes und der öffentlichen Verwahrlosung.

Die erst Reaktion auf die Mittellosigkeit des Staates war (zumindest in Großbritannien) eine schweigende und mürrische Ergriffenheit. Sie schlug bald in Einverständnis, später in Stolz um und schließlich in eine neue Art des Snobismus. Wenn Großbritannien arm ist, so ist es *in,* arm zu sein. Wenn sich das Land mit seiner glorreichen Vergangenheit unter den Armen befindet, kann ich doch ebenfalls dazugehören, oder? Man begann seine Armut offen zur Schau zu stellen. Selbst Wohlhabende rühmten sich nun ihrer Mittellosigkeit. Leute aus dem Mittelstand übten sich in der Umgangssprache. War der Vater Anwalt in Birmingham, so log man und erzählte, daß er als Bergmann in Durham arbeitete. Fünfzig Jahre zuvor hätte es niemand gewagt, den Satz »Das kann ich mir nicht leisten« auszusprechen. Heutzutage ist es eine stolze (und oftmals unwahre) Prahlerei.

Man nehme beispielsweise die Schriftsteller: Im vergangenen Jahrhundert bekannten sie sich zu einen gewissen literarischen Drang. Sie gaben ohne Umstände zu, daß sie darauf bedacht waren, etwas Wertvolles, vielleicht sogar Bleibendes zu erschaffen; doch unter keinen Umständen hätte einer von ihnen das Zugeständnis gemacht, daß finanzielle Betrachtungen mit im Spiel wären. Worte wie »Umsatz«, »Gewinnbeteiligung« und »Provision« waren verpönt; heute sind es Worte wie »Unsterblichkeit«, »Literatur«, »Poesie«. Und die Autoren halten es für selbstverständlich, alles zu tun, um die Verkaufszahlen zu erhöhen. Sie werden zu Clowns, reisen herum, signieren Hunderte von ihren Büchern (falls sie die

Gelegenheit dazu bekommen), sie erniedrigen sich auf alle erdenkliche Weise – aber sie selbst empfinden es nicht als Erniedrigung, denn alles dient der einzigen Sache, die zählt: dem Umsatz. Sie tun es nicht etwa, weil sie mittellos sind oder weil sie aufgrund ihrer geschaffenen Werke weniger eingebildet sind als früher. Es soll lediglich unterstreichen, wie arm wir sind.

## Traumziel Mittelstand

In den letzten Jahrzehnten wurde zum Teil versucht, dem Mittelstand nachzueifern, zum Teil wurde ihm aber auch übel mitgespielt. Millionen wollten dem Mittelstand angehören, und beinahe ebenso viele (oftmals die gleichen Personen) wollten ihn ganz und gar abschaffen.

Diese beiden Ziele schließen sich nicht unbedingt gegenseitig aus; denn wenn jeder dem Mittelstand angehört, ist dieser Stand automatisch verschwunden. (Wenn sich alle im Mittelpunkt befinden, gibt es keinen Mittelpunkt mehr.) Je mehr diese Klasse (das Bürgertum) verspottet, verachtet und zum Ziel politischer Attacken wurde, desto höher stieg ihr Ansehen und die Bedeutung ihres Snobismus.

Die oberen Klassen existieren kaum noch: Sie haben mehr oder weniger die Verhaltensnormen und Eigenschaften des Mittelstandes angenommen (oder das Bürgertum hat Verhaltensweisen und Eigenschaften der Oberschicht übernommen – was aufs gleiche hinausläuft). Die ehemals oberen Klassen sehen mir heutzutage sehr nach mittlerem Mittelstand aus mit Ausnahme der königlichen Familie, die bei mir oft den Eindruck erweckt, dem unteren Mittelstand anzugehören.

»Wir gehören nun alle dem Mittelstand an«, lautete die stolze Devise vor fünfundzwanzig Jahren. Noch immer besteht die Tendenz, Mittelständler sein zu wollen, doch das alte Motto gilt nicht mehr: Es handelt sich nun um ein Verlangen, das man stillen will – zu dem man sich aber nicht bekennt. Auf jeden Fall befinden wir uns in einer Situation, in der Millionen danach streben, dem Mittelstand anzugehören, jedoch nicht wissen, wie sie es anstellen sollen. Hier sind einige Tips.

1. Die größte Seuche in diesem Land ist noch immer die Aussprache, der Akzent. Diese Möglichkeit einer Einordnung besteht in keinem anderen Land der Welt. Überall ist es so, daß sich eine gebildete Person anders ausdrückt als eine ungebildete, und dieser Unterschied in der Sprechweise deutet oft auf eine verschiedene Klassenherkunft hin – aber nicht immer. In anderenLändern sprechen die Grundbesitzer im allgemeinen genauso wie ihre Knechte. Und wenn ein begabter Arbeiter oder Bauernjunge gelernt hat, sich gut und klar auszudrücken, so ist niemand in der Lage, aufgrund seiner Redeweise seine soziale Herkunft festzustellen – so ist es mit der deutschen, französischen, niederländischen, polnischen, thailändischen und allen anderen Sprachen.

Sobald ein Brite auch nur einen Laut von sich gibt, hat er sich bereits selbst einer bestimmten Kategorie zugeordnet. (Nebenbei bemerkt, wenn ich *er* sage, meine ich meistens auch *sie*. Dies hat nichts mit linguistischem Chauvitum zu tun – ich unterstütze die Frauen voll und ganz in ihrem Kampf um Gleichberechtigung –, aber ich habe etwas gegen eine ungeschickte und häßliche Art, sich auszudrücken.) Wie gesagt, ein Brite braucht nur ein Wort zu sagen, und schon weiß jeder, aus welchem Milieu er stammt. Viele behaupten oftmals, daß sie auf ihren derben Akzent stolz sind, doch eigentlich tun sie alles, um ihn loszuwerden. Eine große Anzahl von Gewerkschaftsführern verhält sich in dieser Hinsicht geradezu lächerlich. Diese gewichtigen Stützen der Arbeiterklasse versuchen, ihre natürliche Redeweise zu verschleiern, schaffen es auch, bestimmte Vokale eine halbe Stunde lang oder etwas länger artikuliert auszusprechen – bis sie schließlich ärgerlich werden und die markanten East End *a*-s und *i*-s fröhlich hervorsprudeln.

Ich weiß aus eigener Erfahrung, wie schwer es ist, sich von einem Akzent zu befreien. Das soll nicht heißen, daß ich sehr hart daran gearbeitet habe. Als sich meine Aussprache etwas verbessert hatte, teilte mir mein Rundfunkproduzent recht beunruhigt mit, daß ich meinen ungarischen Akzent nicht verlieren dürfte. Es klänge dann nicht mehr authentisch, und man würde mich für die Sendungen nicht mehr gebrauchen können. Die Gefahr, tatsächlich meinen Akzent zu verlieren, war jedoch schon immer verschwindend klein. Solange ich ohne einen ausländischen Akzent schreiben kann, bin ich zufrieden.

Ein ausländischer Akzent hat gegenüber allen anderen einige beträchtliche Vorteile. Er ist beispielsweise klassenlos. Sobald ich meinen Mund öffne, wissen alle Leute, daß ich nicht in Stoke Newington oder in Chipping Norton zur Welt gekommen bin, haben jedoch nicht die geringste Ahnung, ob mein Vater nun ein Kammerherr Franz Josephs oder ein Schweinehirt gewesen ist.

Dies ist also der erste Rat an meine Schüler: *Sprecht mit einem ausländischen Akzent.* Seid ihr mit dem Cockney, Geordie oder irgendeinem anderen Slang aufgewachsen und werdet nicht glücklich dabei, so versucht, *Georg Solti* oder den jüngst verstorbenen Ornithologen Professor *Koch* zu imitieren. Solltet ihr zufällig MacKilligan heißen und in Aberdeen geboren sein, so könnte es schwierig werden, zu erklären, woher euer polnischer Akzent kommt – doch Gott sei Dank ist es in diesem Lande immer noch so, daß man nichts erklären muß.

2. Die Kleidung. Zu diesem Thema habe ich bereits einiges gesagt. Übertreibt es nicht: Abgetragene Kleidungsstücke und Löcher in den Strümpfen sind zwar »aristokratisch«, doch, wie ich befürchte, lange noch nicht alles. Es reicht nicht aus, durchlöcherte Strümpfe anzuziehen; es ist wichtig, zu wissen, *wie* man sie tragen muß.

3. Ein Großteil des Snobismus hängt mit Autos zusammen. Einige naive Leute glauben, daß der Wagen möglichst teuer sein muß. Weit gefehlt. Beim Rolls-Royce handelt es sich um ein vulgäres Gefährt der Neureichen, während ein Mini genau das richtige ist.

Besitzt man überhaupt keinen Wagen, ist man wiederum einen Schritt zu weit gegangen. Es wirkt genauso exzentrisch, wie keinen Fernseher zu besitzen. (Das beste ist, einen Fernseher im Haus zu haben, ihn jedoch niemals anzustellen.) Zugegeben, keinen Wagen zu besitzen kann auch gewisse Vorteile mit sich bringen. Niemand wird auf die Idee kommen, daß man sich keinen Wagen leisten kann. Die Leute werden annehmen, daß man seinen Führerschein wegen Trunkenheit am Steuer verloren hat; und in unserer Gesellschaft ist man hoch angesehen, wenn man trotz übermäßigem Alkoholgenuß noch Auto fahren kann.

4. Erwecke den Eindruck, weniger wohlhabend zu sein, als du wirklich bist. Die wirklich hohen Einkommen erhalten Leute, die dem Mittelstand angehören; doch insgesamt gesehen ist die Arbeiterklasse wohlhabender. Die Arbeitslosigkeit ist natürlich eine Plage, aber selbst die Gewerkschaften sorgen sich nicht allzusehr um die Arbeitslosen. Diese stellen immerhin einen exzellenten Knüppel dar, mit dem man der Regierung immer wieder eins überziehen kann; Macht und Einfluß besitzen sie jedoch nicht. Diejenigen, die in einem Arbeitsverhältnis stehen, sind wohlhabend. Das Einkommen eines Bergarbeiters ist höher als das eines angehenden Anwalts, und ein Obst- und Gemüsehändler verdient mehr als ein Bankangestellter. Die Arbeiterfamilien sind größer als die Familien des Mittelstandes, also stehen meistens auch mehr Personen in einem Beschäftigungsverhältnis. Will man dem Mittelstand angehören, muß man ärmer aussehen, als man eigentlich ist.

5. Trotz aller Bemühungen können bestimmte Gesten die Klassenzugehörigkeit enthüllen. Manchmal beobachte ich ältere Damen, die versuchen, möglichst jung auszusehen. Sie denken dabei an fast alles: Sie achten auf die richtige Frisur, die Haarfarbe und die Kleidung; sie geben sich wie junge Mädchen – aber etwas vergessen sie immer: die Gangart – sie gehen eben wie ältere Damen. Genauso verhält es sich mit unseren Bestrebungen: Man kann den richtigen Akzent angenommen haben, die Kleidung und die (politischen) Einstellungen mögen stimmen, doch bestimmte Gesten oder Verhaltensweisen können einen immer noch verraten.

Nur noch wenige Leute nehmen heutzutage beim Essen ihr Messer in den Mund, und noch weniger kratzen sich den Kopf mit ihrer Gabel. Aber diese groben Extreme meine ich auch nicht. Einige haben jedoch die Angewohnheit – fast unmerklich –, mit Messer und Gabel zu gestikulieren, und das ist fast so schlimm, wie in die Serviette zu schneuzen.

Kein Arbeiter wird jemals eine Zigarettenspitze benutzen, und man wird keine Person aus dem Mittelstand finden, die mit einem kurzen Zigarettenstummel zwischen den Lippen spricht. Oder noch ein anderes Beispiel: Einige Arbeiter nehmen ihre Zigarette aus dem Mund, wie es keine Person aus dem Mittelstand tun würde: Sie wenden die innere Handfläche dem Mund zu und benutzen drei Finger – Zeige- und Mittelfinger oben, den Daumen unten –, in gleicher Weise führen sie die Zigarette auch wieder zurück. Eine derartige Geste verrät die gesamte Lebensgeschichte, selbst wenn man mit einem reinen Oxforder Akzent spricht.

6. Und beim Autofahren darf man nicht höflich sein. Man muß seinen natürlichen Instinkten ja nicht nachgeben, auch wenn man ansonsten gewohnt ist, sich wirklich zuvorkommend zu verhalten. Bisher handelte es sich bei der Höflichkeit um eine Eigenschaft, die im Mittelstand sehr verbreitet war, doch dies hat sich geändert. Im Straßenverkehr verhalten sich die sogenannten Gentlemen – im großen und ganzen gesehen – wie die Tiere. Die wenigen verbliebenen Ehrenmänner sind die Lastwagenfahrer; nicht alle, aber viele. Unter ihnen findet man erfreulicherweise noch einige der wenigen Leute, die *kein* Verlangen danach haben, »aufzusteigen«, die sogar stolz darauf sind, der Arbeiterklasse anzugehören.

# Der Karl Marx der Bourgeoisie

Das bin ich! Der Karl Marx des Bürgertums.

Der Marxismus hat in vielerlei Hinsicht versagt, der *Mikesismus* setzt sich durch (in diesem Sonderfall wird Mikes nicht normal ausgesprochen [da der Name aus dem Ungarischen kommt: Mikesch], sondern so, daß es sich mit dem englischen Wort »likes« reimen läßt. Darauf ist zu achten!).

*Vanitas vanitatum* – alles ist eitel –, eine alte, verächtlich klingende Redewendung, die jedoch nur zu oft eine genaue Beschreibung des menschlichen Verhaltens gibt. Aber betrachen wir die Dinge *sub specie aeternitatis,* unter dem Gesichtswinkel der Ewigkeit (entschuldigen Sie meine leichte lateinische Attacke, Sie wird vorübergehen), so scheinen all unsere Bestrebungen nichtig zu sein. Vor einigen Millionen Jahren gab es keine Menschen; einige Millionen Jahre später wird es keine mehr geben. Warum sollte man also über irgend etwas beunruhigt sein? Doch wir sind nicht unsterblich, warum sollten wir die Dinge dann vom Gesichtswinkel der Ewigkeit aus betrachten? Eine andere Version der gleichen Einstellung ist die folgende: Warum sollten wir von ernsten Gefahren bedroht werden? Diese Einstellung ist in den fünfziger Jahren recht populär gewesen: Die Damoklesbombe schwebte über unseren Köpfen und hätte uns alle jeden Augenblick vernichten können, warum sollte man sich also – so meinten viele – um solche lächerlichen Dinge kümmern wie die Umgebung, in der man lebt, die Gemüsepreise, Lotto oder die Eröffnung neuer Kinderspielplätze? Durch diese Denkweise entstand eine zweifache Gefahr. Wenn es keine Kinder gibt, brauchen sie natürlich keine

Spielplätze. Doch solange wir noch am Leben sind, brauchen sie Spielplätze, essen wir Gemüse und müssen unsere Zeit irgendwie herumbringen, und viele Leute finden einfach keine bessere Beschäftigung, als Lottoscheine auszufüllen. Wo würden wir denn jetzt stehen, wenn wir uns dreißig Jahre lang nicht um unsere Wirtschaft gekümmert hätten? Es würde uns sogar noch schlechter gehen als heute. Wo wären wir denn geblieben ohne Spielplätze, Gemüse, Lotto usw.; wo wären wir geblieben, wenn wir uns nicht um all diese Nebensächlichkeiten gekümmert hätten? Natürlich, die Gefahr, daß die Bombe explodieren würde, bestand; doch ebenso bestand die Gefahr, daß man sie nicht hochgehen ließ – so mußten wir unser eintöniges Leben also weiterführen.

Die Menschheit weigert sich, die Lektion zu lernen, daß Probleme unlösbar sind: *alle* Probleme. Ganz einfach deshalb, weil die Lösung eines Problems (obwohl sie möglicherweise Millionen zugute kommt und unser Los verbessert) automatisch immer neue Probleme hervorbringt. Die neuen Probleme müssen auch gelöst werden, was tatsächlich oft geschieht, doch ihre Lösungen schaffen wiederum weitere Probleme, und so geht es weiter *ad infinitum;* Entschuldigung, ich meinte natürlich bis ins Unendliche.

Diese Hoffnungslosigkeit von Lösungsversuchen ist eine weitere Veranschaulichung der Redeweise *vanitas vanitatum.* Alles ist vergebens. Das soll jedoch nicht heißen, wie es von vielen gerne verstanden wird, daß man sich nicht mit seinen kleinen Problemen abmühen soll. Hier leben wir, dies ist unsere Welt. Wenn ich nun Bohnen anpflanze, so sollte ich diese Arbeit fortsetzen, egal, ob nun ein Atomkrieg droht oder nicht. Denn wenn ich keine Bohnen anpflanze, stehen wir vielleicht bald ohne Bohnen *und* ohne Atomkrieg da. Des weiteren kann ich so gut wie nichts gegen die Bombe tun, aber ich kann einiges oder zumindest etwas für die Bohnen tun. Ob die Bombe fällt oder nicht, auf jeden Fall stellt sich die Frage: Wie verbringe ich mein Leben *vor* der Explosion?

Und es gibt eine weitere Betrachtungsweise: Wenn ich mich an meinem linken großen Zeh schwer verletze, so besitzt dieser Vorfall eine gewisse historische Bedeutsamkeit. Aber ich werde mein Bestes versuchen, den Schmerz zu stoppen oder zu lindern. Es handelt sich um meinen Zeh, meinen Schmerz: Zur Hölle mit der Geschichte.

*Vanitas vanitatum?* Sicherlich. Aber von diesem äußerst souveränen, philosophischen Blickwinkel aus ist absolut nichts von Bedeutung. Welche Rolle spielen wir in der Geschichte? Und welche Bedeutung hat die Geschichte selbst? Was ist denn schon bemerkenswert an einer heute-hier-und-morgen-schon-wieder-verschwundenen Menschheit? Oder selbst an einer Millionen-Jahre-hier-und-in-weiteren-Millionen-Jahren-wieder-verschwundenen Menschheit? Vom rein philosophischen Blickwinkel aus ist der Fall klar. Aber unsere Zehschmerzen zwingen uns dazu, anders zu handeln und zu denken.

*Hic Rhodus, hic salta!* Bei den antiken Olympischen Spielen in Athen versuchte sich ein Hochspringer, der verloren hatte, zu entschuldigen, indem er erklärte, daß er zu Hause – auf Rhodos – viel höher springen könnte. Man sagte ihm: »Hic Rhodus, hic salta!« (»Hier ist Rhodos, hier springe!«)

Die vorangegangenen Gedanken sollen als Entschuldigung für die Tatsache dienen, daß ich meine Zeit und die der Leser für eine Theorie verschwende, die vielleicht schon in einigen tausend Jahren veraltet sein wird. Der Marxismus hat es versäumt, mit bestimmten Problemen fertig zu werden; er löste einige andere, die – wie es nun einmal geschieht – wiederum neue hervorbrachten, und veraltete dann allmählich.

Zu den verschiedenen Zeitpunkten in der Geschichte waren unterschiedliche Kräfte der Gesellschaft – des »Establishments« – vorherrschend. Sie eigneten sich unweigerlich ein Zuviel an Macht und Einfluß an, wurden tyrannisch und mußten daher schließlich besiegt werden. Oft begannen sie ihre Aktivitäten im Namen der Gerechtigkeit, erlangten den Ruf von Befreiern und endeten schließlich als Tyrannen. Anfangs waren die Könige als einigende Kraft bitter nötig, doch später glaubten sie an ihre eigene Göttlichkeit, wurden arrogant und herrisch, und man mußte sie entweder verjagen oder ihnen einen Großteil ihrer Macht entziehen. Dasselbe geschah mit der Oligarchie, dann mit dem gesamten Adel. Das gleiche wiederholte sich mit der Kirche und – in anderen Ländern – mit der Armee. Alle kamen sie als Befreier, alle endeten als Gewaltherrscher. Es folgten mächtige Kapitalisten, die die Arbeiter unbarmherzig ausbeuteten. Darauf gewannen die Gewerkschaften an Macht, zügelten die übermäßigen Kräfte der gierigen Kapitalisten – und sind nun selbst zu Tyrannen geworden.

Immer wenn sich eine Veränderung abzeichnete, beriefen sich die Herrscher und Nutznießer (was das gleiche bedeutet) auf Gott. Die Könige ihrer absoluten Macht zu berauben war Frevel. Bei der Befreiung der Sklaven und Leibeigenen handelte es sich wiederum um einen diabolischen Akt, denn die Befreier lehnten sich gegen den göttlichen Willen auf. Für alle Mißgeschicke in der Geschichte wird immer der arme, alte Gott verantwortlich gemacht, der sich nicht einmal dagegen wehren kann.

Die Gewerkschaften verteidigen ihre Macht, ohne dabei von Gott zu sprechen, obwohl sie es tun sollten – sie führen nämlich eine göttliche Mission durch. Wenn man meine These, daß Armut gut und edel ist, während Reichtümer erniedrigend sind und Seelenschäden verursachen, akzeptiert (und immer mehr scheinen dies zu tun), dann sollten wir die Gewerkschaften vorbehaltlos unterstützen und mit ihnen durch dick und dünn gehen. Keine andere Machtkonzentration stürzt uns so erfolgreich in Armut und Elend wie sie. Andere versuchen es natürlich, doch mit ihnen kann niemand mithalten.

Ziemlich viele irregeleitete Seelen sind der Ansicht, daß die Gewerkschaften größenwahnsinnig geworden sind und auf gleiche Weise verschwinden sollten wie Könige, der Adel, die Kirche und die Kapitalisten. Mit anderen Worten: Sie sollten fortbestehen, jedoch keine beherrschende Rolle in unserem Leben spielen. Leute, die diese Meinung vertreten, sind einem Trugschluß verfallen. Die Gewerkschaften erfüllen eine göttliche Mission, genauer gesagt, zwei göttliche Missionen.

1. Sie sorgen darfür, daß wir – als Nation – schneller arm werden, als wenn wir uns nur auf die Rezession und auf die miese Regierung verlassen müßten.

2. Außerdem haben sie etwas sehr Originelles erfunden: *die Ausbeutung der Reichen durch die Armen.*

Dies ist die erste These des Mikesismus.

Die zweite beinhaltet die Abschaffung der verschiedenen Klassen. Zugegeben, diesen Gedanken versuchte mein hochberühmter Vorgänger Karl M., ebenfalls in die Tat umzusetzen. Doch all seine Versuche sind fehlgeschlagen. Im Kapitalismus blieben die Klassenunterschiede bestehen; in kommunistischen Gesellschaften sind sie noch größer geworden. Die einzige Möglichkeit, die Klassenunterschiede aufzuheben, liegt darin, daß wir alle den Weg in den Mittelstand antreten.

Wir haben viel über den »Ausgleich nach oben« und den »Ausgleich nach unten« gehört. Das staatliche Schulsystem in England ist sicherlich eine Quelle der Ungleichheit. Es ist nie sehr gut gewesen, und *Shirley Williams,* die ehemalige Erziehungsministerin, sorgte dafür, daß es noch schlechter wurde. Hier die Essenz ihrer Theorie: Wenn nicht jeder angemessen ausgebildet werden kann, sollte man niemanden ausbilden. Das klingt logisch und ist vielleicht sogar gerecht: der Weg zur Gleichheit. Und gleichzeitig der Weg in den Ruin. Folgen wir ihm, so gibt es bald nicht mehr genug Leute, die in der Lage sind, unsere Elektronikindustrie, die Gerichte und die Regierungsgeschäfte zu führen. Wir werden dann zu einer Nation von Taugenichtsen – gleichgestellten Taugenichtsen. Anderen Staaten gegenüber werden wir uns nicht auf der gleichen Ebene befinden, doch unter uns werden wir völlig gleich sein.

Es handelt sich hierbei sicherlich um einen Irrweg. Beim Mikesismus sieht es anders aus: Er will, daß jeder dem Mittelstand angehört. Nur der Mikesismus beschreibt dieses Ziel so ausführlich, denn von allen anderen Bewegungen unseres Zeitalters wird es nur heimlich angestrebt. Jeder will sein eigenes Haus besitzen, seinen eigenen Wagen fahren und über seine freie Zeit selbst bestimmen.

Die Moral des Mittelstandes durchzusetzen erfordert ein bestimmtes Maß an Zivilcourage. Man muß tapfer genug sein, unter den Auffälligen nicht aufzufallen; man muß den Mut besitzen, auf den Stolz, ungebildet zu sein, zu verzichten; man muß mutig genug sein, anständige und saubere Kleidung zu tragen, vielleicht sogar – darf ich sagen? – eine Krawatte; man muß sogar so weit gehen, nicht die Umgangssprache zu benutzen; außerdem muß man den Mut aufbringen, höflich zu sein und das spöttische Gelächter der Menge ertragen, wenn man im Bus einer 92 Jahre alten, blinden Greisin seinen Platz anbietet. Man muß tapfer genug sein, sich in der Reihe nicht vorzudrängeln; keine Leute beiseite zu stoßen; kein Haschisch zu rauchen, selbst wenn es jeder um einen herum tut; nüchtern zu bleiben, wenn die Freunde sich betrinken; Trunkenheit am Steuer nicht als Heldentat anzusehen; man muß den Mut aufbringen, die Rechnungen zu bezahlen, mit allen Leuten – ob es sich nun um hochherrschaftliche Personen oder um Sozialhilfeempfänger handelt – freundlich umzugehen und als gleichgestellt (ihre Stellung oder die eigene ist unwichtig) zu betrachten; man muß mutig genug sein – und jetzt kommt die größte Herausforderung –, der wilden Horde der eigenen Leute ins Auge zu blicken, ob sie einen nun als Falschspieler, Streikbrecher, Proletenfreund oder Verräter der eigenen Klasse (welche es auch immer sein mag) beschimpfen; man muß eben seinem eigenen Gewissen folgen. Die scheinbar unbeugsamen Leute, die in einer überwältigenden Masse unter

Transparenten marschieren und Parolen rufen, sind eigentlich bemitleidenswerte Hasenfüße; diejenigen, die es wagen, ihren Weg alleine zu gehen, sind zu bewundern.

Wenn wir die erwähnten Punkte alle erfüllt haben, so gehören wir endlich dem Mittelstand an. Der nächste Schritt besteht darin, ein Bankkonto zu eröffnen; denn was die Klassen trennt, ist zum großen Teil auf das Konto bei der Bank zurückzuführen. Die Arbeiter halten – vielleicht mit Recht – nicht viel von Banken, sie schreiben keine Schecks aus und akzeptieren sie auch nicht. Diejenigen, die eine wirklich klassenlose Gesellschaft erstreben, müssen sich ein Konto einrichten. Diejenigen, die es bereits haben – also die Leute aus dem etablierten Mittelstand –, können stolz auf sich sein, denn sie befinden sich auf dem richtigen Weg. Die Zukunft gehört zwar nicht ihnen, doch sie werden auf angemessene Weise daran teilhaben. Bis die perfekte Utopia einer »Wir sind jetzt alle Mittelständler«-Gesellschaft erreicht ist, können sie sich als Bannerträger betätigen. Außerdem sollten sie darauf achten, sich nicht mit den verwöhnten und degenerierten Reichen, mit ihrer Vornehmtuerei, ihren Segeljachten, Landsitzen, Swimming-pools im Garten, Rennställen und alten Meistern zu identifizieren; fernhalten sollten sie sich aber auch von den Demonstranten, Eierwerfern, Ladendieben, Doppelverdienern und Salontrotzkisten.

Dies alles noch einmal kurz zusammengefaßt: *Bürger aller Länder, vereinigt euch! Ihr habt nichts zu verlieren als euer überzogenes Konto!*

# Arm – na und?

Kurz nach meiner Ankunft in England, als mein Gehalt aus Ungarn wieder einmal auf sich warten ließ, war ich sehr knapp bei Kasse. Ein Freund von mir, der in der gleichen Pension wohnte, erzählte mir eines Tages, daß er ein sehr empfehlenswertes Restaurant entdeckt hätte, genau der richtige Platz für uns.

»Es heißt ›Sam's‹.«

»Nie von gehört.«

»Es ist kein sehr bekanntes Restaurant«, erklärte er in einem bedenklichen Tonfall. Bis dahin hatten wir unsere Mahlzeiten meistens in einem der »Lyons Corner Houses« eingenommen für ein paar Mark pro Mahlzeit plus einige Pfennige Trinkgeld.

»Dort ist es viel billiger«, beruhigte mich mein Freund – was nicht gerade beunruhigend klang.

Am nächsten Tag gingen wir zu »Sam's«. Es handelte sich um das verdreckteste Loch, das ich jemals gesehen habe. Die kahlen Tische waren mit Schmutz und Krümeln übersät, ebenso mit Essensresten der letzten Gäste; der Fußboden war bedeckt mit Sägemehl, Zigarettenkippen, Asche und Speckschwarten. Die Kunden paßten zu dieser Umgebung: ungehobelte, laute Kerle, die keine Jacken trugen und ungeniert ihre Hosenträger zur Schau stellten. Das Essen entsprach dem, was man an einem solchen Ort erwarten würde: Speckstücke mit Pommes, die in übelriechendem Fett schwammen, dazu noch total verkochtes Gemüse in lauwarmem Wasser. Mein Freund, den sowieso mehr die Quantität als die Qualität der Mahlzeit interessierte, war über seine Entdeckung hoch erfreut. Doch mir platzte der Kragen, und ich teilte ihm meine Ansicht mit, daß man die-

sen entsetzlichen Platz nicht mit Worten beschreiben konnte.

»Du bist ein Snob«, antwortete er.

»Etwas Schmutz hier und da macht mir nichts aus«, fuhr ich fort. »Doch den reinen Dreck – falls es so etwas gibt – zu essen, das ist einfach zuviel.«

Mein Freund war da anderer Meinung:

»Hieraus können wir auch eine Menge lernen. Wir müssen der Realität ins Auge sehen. Wir müssen die Tatsache akzeptieren, daß die alten, bequemen Tage in Budapest der Vergangenheit angehören. Nun sind wir arm, also müssen wir auch leben wie arme Leute.«

»Wir können nicht viel Geld ausgeben, das stimmt«, meinte ich. »Aber im »Sam's« zu essen liegt einfach nicht drin. Das ist ein protziges, *neuarmes* Verhalten.«

Ich behielt recht, es kam fast einer Prophezeiung gleich; denn einige Zeit später wurde der »Neuarme« zu einer vertrauten Figur im täglichen Leben.


Zwei Jahre nach dem Krieg fuhr ich in die Vereinigten Staaten. Ich verbrachte dort zwei Monate, hätte jedoch noch einen dritten gebraucht, um meine Arbeit ordentlich zu beenden. »Warum bleiben Sie dann nicht länger hier?« fragte einer von meinen amerikanischen Freunden.

»Ich kann es mir nicht leisten«, erklärte ich ihm. Er war sprachlos vor Erstaunen.

»Was ist denn so erstaunlich daran?« fragte ich ihn. »Es ist doch keine große Leistung, wenn man nicht noch einen weiteren Monat hierbleiben kann.«

»Aber es ist eine große Leistung, dies zu *sagen*«,

erklärte er. »Niemals habe ich in diesem Lande erlebt, wie jemand zugegeben hat, daß er sich irgend etwas *nicht* leisten konnte.«

Das überraschte mich. Was in Amerika als schwerwiegendes Eingeständnis betrachtet wird (oder wurde), gilt bei uns als Prahlerei.

Die betont auffälligen Armen waren in den sechziger Jahren, in den Tagen des Überflusses, zahlreicher; doch auch heutzutage trifft man sie noch häufig an, obwohl sie sich stark verändert haben. Damals täuschten sie die Armut einfach vor, während sie heute mit ihrer Armut prunken, sie geradezu exhibitionistisch zur Schau stellen. Wir sind arm – *sehr gut*. Jeder gewöhnliche, unehrliche Dummkopf kann reich sein; aber *wir* haben uns dafür entschieden, arm zu sein.

Die Leute prahlen mit Dingen, die sie *nicht* besitzen. Keinen Fernseher zu haben ist eher eine intellektuelle als eine finanzielle Prahlerei. Ohne technische Geräte auszukommen, vom Rasenmäher bis zur elektrischen Schreibmaschine, ist eine weitere Quelle des Stolzes. Keinen Wagen zu besitzen bildet natürlich den Gipfel der Großtuerei, obwohl es schon mehr von Reichtum als von Armut zeugt. Nur die Wohlhabenden können es sich heutzutage leisten, ohne Auto zu leben.

Arm sein ist korrekt; arm sein ist edel. Es ist ganz einfach besser, befriedigender, sorgenloser und menschlicher, als reich zu sein. Aber man muß eine würdevolle Zufriedenheit ausstrahlen und darf nicht mit der Armut protzen. Einige Menschen haben weniger Glück als wir; diese müssen für uns alle das Kreuz des Reichtums tragen. Wir dürfen ihnen nicht ins Gesicht lachen. Nur hinter ihrem Rücken.

Ich brauche wohl nicht zu betonen, daß es auch einige Vorteile mit sich bringt, wenn man reich ist. Besonders für einen Humoristen. Haben Sie noch niemals bemerkt, daß der Scherz eines Reichen immer fürchterlich witzig ist?

## Müßiggänger

Das Zeitalter der reichen Müßiggänger ist vergangen. Nun beginnt das Zeitalter der armen Müßiggänger. Ich habe soeben gehört, daß sich die Leute nicht mehr so sehr für den Rolls-Royce interessieren, dieses (von mir) oftmals beschimpfte Fahrzeug, dieses ordinäre, protzige Vehikel der Ölscheichs, Werbeagenten und Popstars.

Armut ist keine Schande mehr, dagegen aber der Reichtum. Es wird natürlich immer noch einige unverbesserliche Narren geben, die mit ihrem Vermögen – ob es nun vorhanden ist oder nicht – angeben, doch die meisten versuchen, ihre Reichtümer zu verbergen.

Arbeitslosigkeit bedeutet Unglück, wird jedoch ebenfalls nicht mehr als Schande angesehen. Man kann nichts dafür. Hierbei müssen wir zwischen *negativer* und *positiver* Arbeitslosigkeit unterscheiden.

Die »negativen Arbeitslossen« verdienen voll und ganz unser Mitgefühl. Bei ihnen handelt es sich um die *wirklich* armen Leute, die nicht das Thema dieser Abhandlung sind. Die »positiven Arbeitslosen« bilden eine starke Minderheit, die sich dafür entschieden hat, dem Müßiggang nachzugehen. Somit entstand die Klasse der armen Müßiggänger.

Verschiedene Gründe haben zu ihrer Entschei-

131

dung beigetragen. Hier die beiden Hauptgründe: 1. Sie haben bemerkt, daß es ihnen nicht schlechter geht (manchmal sogar besser), wenn sie vom Arbeitslosengeld leben. 2. Unter ihnen befinden sich viele intelligente Leute, die erkannt haben, daß sich die Menschheit im Müßiggang üben muß. Jeder spricht darüber, jeder ist sich dieser Tatsache bewußt (die einzigen Ausnahmen bilden die Gewerkschaften, die weiterhin die Kämpfe der dreißiger Jahre austragen und von Vollbeschäftigung reden). Die wesentlichste Änderung unseres Verhaltens besteht – neben der veränderten Einstellung gegenüber Reichtum und Armut – in unseren erhöhten Forderungen an den Staat. Im Laufe von ein, zwei Generationen hat uns der Wohlfahrtsstaat vollkommen umgeformt. Vom Staat erwarten wir alles: Arbeitsplätze, Gesundheitsversorgung, billige Wohnungen und in Notlagen alle möglichen Unterstützungen. Man hat eine riesige Armee von Bürokraten aufgestellt und ihr die Aufgabe übertragen, sich um uns zu kümmern – sorgsame Auszahlung der Sozialhilfe, Seelenpflege usw. –, und um ihre Position zu sichern oder weiter auszubauen, zermartern sich die Beamten ihr Hirn, damit sie noch mehr Möglichkeiten finden, um uns zu helfen. (Oftmals weisen sie unsere Forderungen auch zurück, um zu zeigen, wie mächtig sie sind, doch ihre Hauptbeschäftigung besteht darin, die Staatsgelder zu verschwenden – na gut, auszugeben.) Diese weitverbreitete Verhaltensweise bringt eine Babygesellschaft hervor, eine Gesellschaft von Menschen, die erwarten, daß man sich um sie kümmert, die unfähig sind, für sich selbst zu sorgen (was sie auch gar nicht wollen). Eigeninitiative, Abenteuerlust und Einfallsreichtum gehen dem Untergang entgegen. Heutzutage verlangen die Leute, daß man sich schon vor ihrer Geburt um sie kümmert (eine große Anzahl von angehenden Embryos fordert eine künstliche Befruchtung, damit sie auf die Welt kommen können); und dann der Krawall von einigen Leuten, den man hören kann, wenn ihre Gräber nicht ordentlich gepflegt sind.

Das Zeitalter der armen Müßiggänger deckt sich mit dem Zeitalter des arbeitslosen Säuglings. Diese angenehme Lage der Dinge wird jedoch bedroht. Am Horizont zeichnet sich eine neue Wohlstandswelle ab, die uns genauso unvorbereitet treffen wird wie die gegenwärtige Rezession. Abgesehen von den ständig wiederholten Vorhersagen der Regierung gibt es nicht gerade viele Anzeichen für den kommenden wirtschaftlichen Aufschwung, doch jeder sei gewarnt: Er ist unterwegs.

Das muß ich näher erläutern.

Eine Freundin von mir, eine Psychotherapeutin, erzählte mir von einer Patientin, die ständig wiederholte, daß ihre Beziehung mit ihrem Ehemann nicht funktionierte. Ihr Gatte war ein netter Mann; sie selbst war – natürlich – eine noch nettere Frau; aber ihre Leidensgeschichte endete immer mit dem Refrain, daß »die Beziehung nicht funktionierte«. Ich weiß nun nicht, was meine Freundin, die Psychotherapeutin, ihr empfahl, mir erzählte sie jedenfalls: »Die ›Beziehung‹ wurde zu einer unabhängigen Kraft, fast zu einer dritten Person, die zwischen ihr und ihrem Mann stand. Sie – die beiden Ehepartner – waren zu unschuldigen Opfern geworden. Was konnten sie dafür, wenn diese niederträchtige, faule Beziehung sich weigerte, zu funktionieren?«

In der gleichen Art sprechen die Leute oft über

»die Wirtschaft«. Sie funktioniert auch nicht. Ich glaube, die Klage über die Wirtschaft ist eher gerechtfertigt als die über die Beziehungen. Sicher, wir können unsere Situation ein klein wenig verbessern, wir können einige Widerwärtigkeiten hier und dort etwas entschärfen, doch der eigentliche Bösewicht bleibt »die Wirtschaft«. *Wir* könnten zweifellos mehr und schwerer arbeiten, aber selbst das wird vergeblich sein, solange die »Wirtschaft« sich weigert zu funktionieren. Wir müßten die Nase voll haben vom ewigen Gerede über den Monetarismus und die anderen Ismen, und wir müßten die Nase noch voller haben, wenn wir die Politiker hören, die die Erfolgsrezepte bereithalten, wenn sie sich in der Opposition befinden, jedoch alles vermasseln, wenn sie die Regierung bilden. Sie setzen sich für veraltete, zweifelhafte Programme ein, und die Leute – wie erstaunlich – glauben ihnen. Tatsächlich ist es so, daß wir in einer Wirtschaftskrise entweder Arbeitslosigkeit, Inflation, eine unstabile Währung *oder* sehr hohe Zinssätze in Kauf nehmen müssen. Mit andern Worten: Wenn wir ein Übel loswerden, kommt ein anderes zum Vorschein, was meistens noch schlimmer ist.

Aber die Situation ändert sich, wenn die Dinge gut laufen. Und das Ende der Rezession kommt bald. Es ist noch nicht in Sicht, doch es kommt. Welche Anzeichen gibt es dafür? Keine, außer daß *alles* einmal dem Ende entgegengeht, wobei Rezessionen eingeschlossen sind.

Mein Stiefvater war ein vielbeschäftigter Arzt, dem eine recht große Praxis gehörte. Er galt als verantwortungsbewußter Mann, und viele seiner Patienten sahen ihn als Wunderheiler an. Eines Tages fragte ich ihn, ob er das denn wäre?

»Unsinn«, antwortete er. »Ich versuche mein Bestes; das kann ich mit gutem Gewissen sagen. Aber es ist nun einmal so, daß mit allen Kranken eine von zwei Sachen geschieht, egal, ob sie nun von einem Arzt behandelt werden oder nicht. Entweder wird der Patient sterben, oder es wird sich eine Besserung seines Zustands einstellen. Es gibt eine große Anzahl von Leuten – unter denjenigen, die nicht sterben –, die von einem Arzt zum andern eilen. Mit zehn Ärzten sind sie äußerst unzufrieden; wenn sie vom elften behandelt werden, geht es ihnen besser. Selbst ohne jede medizinische Hilfe würde sich eine Besserung einstellen, doch das wissen sie nicht. Wenn es nun geschieht, daß ich der elfte Arzt bin, der sie gerade dann behandelt, wenn sich ihr gesundheitlicher Zustand verbessert, bin ich ein Wunderheiler; bin ich der fünfte oder der achte, dann gelte ich genauso als unfähiger Stümper wie die anderen.«

Genauso verhält es sich mit der Wirtschaft. Mit der Hilfe – oder trotz – des Monetarismus wird es ihr eines Tages bessergehen. Bei der Wirtschaft handelt es sich um eine Patientin, die es sich nicht leisten kann, zu sterben; also wird sie überleben. Und wenn sie überlebt, wird sie den Aufschwung mit sich bringen. Egal, wer in diesem entscheidenden Moment gerade an der Macht ist, diese Regierung wird den ganzen Ruhm für sich beanspruchen; sie wird als Wunderheiler gelten, egal, wie unfähig sie in Wahrheit ist. Und diesen Ruhm wird man ihr voll und ganz zusprechen.

Kein Zeitalter währt ewig, also wird der Tag kommen. Und es wird ein gefährlicher Tag sein. Wenn der Staat nicht mehr arm ist, läßt die Anziehungskraft der Armut nach. In dieser Zeit müssen die edlen, müßigen Armen ihre Standfestigkeit beweisen, allen Mut zusammennehmen, um die Reichen weiterhin geringzuschätzen, und sie müssen wirklich intensiv für die dauerhafte Freude arbeiten, die davon herrührt, etwas zu *sein*, und nicht davon, etwas zu *haben*.

## Böse, böse Inflation

Ein Freund von mir sah in Hurlingham eine 12 ½-Pence-Briefmarke im Gras liegen, untersuchte sie und bemerkte, daß sie noch ungestempelt war.

»Heute muß ein Glückstag sein«, meinte er.

»Wirklich«, stimmte ich ihm zu. »Das ist immerhin fast eine halbe Krone.« (Altes britisches Währungssystem: ½ Krone = 15 Pennies.)

Wir waren uns einig, daß es nach einer großen Summe klang, wenn man von einer »halben Krone« sprach. Schon bald plauderten wir über die gute alte Zeit, die Ära der halben Krone. Ich erinnerte mich, daß ich an meinem allerersten Tag in London einen ungarischen Husarenhauptmann traf, der sich ohne viele Umstände eine halbe Krone von mir auslieh. Er lud mich ein, ihn zum Fischhändler zu begleiten, wo er für das Geld ein Dutzend Austern kaufte. »Ein Dutzend Austern für eine halbe Krone!« Ich betonte es noch einmal.

Mein Freund zeigte sich nicht sonderlich beeindruckt. Sein Vater, erzählte er mir, war 1882 geboren worden, während der Jahrhundertwende also ein junger Mann. Im Jahre 1900 suchte er oft ein Restaurant auf, aß ein Dutzend Austern für einen Sixpence, trank ein Glas Starkbier für zwei Pennies und ging dann für einen Schilling ins Varieté. Insgesamt ein wunderbarer Abend, und von einer halben Krone blieben noch zehn Pennies über. (Für die jüngeren Leser, die hier nicht mehr ganz durchblicken, sollte ich erklären, daß der gesamte Abend – Austern, Starkbier und Varieté – weniger als neun Pence, ungefähr 36 Pfennig, gekostet hat.)

Jemand, der zur Zeit der Napoleonischen Kriege in London gelebt hat, würde dies wahrscheinlich als heillose Verschwendung ansehen. Damals konnte man für neun Pennies sicherlich nach Manchester und zurück reisen. Es handelt sich um eine endlose Geschichte, und sie wird zweifellos auch ohne Ende bleiben. In hundert Jahren werden sich die Leute nostalgische Anekdoten über die spottbilligen achtziger Jahre des zwanzigsten Jahrhunderts erzählen. »Du magst es glauben oder nicht, 1983 konnte man eine wirklich gute Mahlzeit für 100 DM bekommen...« – »Damals beschwerten sich die Leute – ehrlich, sie beschwerten sich! –, wenn der Mietpreis ihrer durchschnittlichen Wohnung über 1000 DM im Monat betrug.«

Die Inflation stellt eine ständige Bedrohung dar; die Ökonomen stehen ihr hilflos gegenüber. Nur die Armen wissen, wie sie mit der Inflation umgehen müssen. Es gibt lediglich eine Möglichkeit, den Wert des Geldes zu erhalten: *Man muß es ausgeben.*

Das Geld, daß man auf eine intelligente, genußreiche Weise ausgibt, kann seinen Wert nicht verlieren. Ein netter Abend, dan man zusammen mit einem charmanten Vertreter des anderen Geschlechts verbringt oder mit einigen sympathischen, fröhlichen Freunden, wobei man sich angenehm unterhält sowie gutes Essen und Wein genießt: Das ist wirklich etwas Kostbares, und *niemals* kann eine wirtschaftliche Katastrophe seinen Wert vermindern. Ein gutes Buch, ein außergewöhnliches Konzert, ein wohltuender Ausflug, die unfaßbare Schönheit einer Landschaft, ein echtes Lachen oder ein ordentliches Ausweinen sind einige der wahren Werte des Lebens, die von der Inflation nicht im geringsten beeinflußt werden können.

Und somit stehen die Armen, auf die meine Definition zutrifft, wiederum besser da als die Reichen. Ein durchschnittliches Einkommen kann man für diese Annehmlichkeiten ausgeben, jedoch kein riesiges Vermögen. Die Reichen können sich zwar mehr von derartigen Genüssen leisten als ich (ob sie sich daran genauso erfreuen können, ist eine andere Frage), aber sie besitzen dann immer noch Unmengen an Bargeld, Aktien, Einlagen oder worüber sie sich sonst noch Sorgen machen müssen – und all das ist den verheerenden Auswirkungen der Inflation preisgegeben.

Eines Abends saß ich mit einem befreundeten Richter im »Garrick«. Wir hatten gerade unser Abendessen eingenommen, als sich uns jemand näherte, der mir jedoch unbekannt war. »Ah, da ist Herr *X*« – der Richter nannte seinen Namen –, »der ›Official Receiver‹.« Glücklicherweise wußte ich sehr wenig über die »Official Receivers«, die Konkursuntersuchungsbeamten, doch ich wußte genug, um zu erkennen, daß es sich bei *dem* »Official Receiver« um den obersten Konkursuntersucher handelte, und mir lief ein kalter Schauer über den Rücken. Ich hoffte, daß er sich nicht zu uns setzen würde – doch umsonst. Und dann stellte sich heraus, daß er ein sehr netter, geistreicher Mensch war, obwohl er unsere Plauderei mit einer bedrohlich wirkenden Bemerkung begann: »Ich komme gerade vom alljährlichen Dinner der ›Official Receivers‹.« Ich wurde blaß. Ich stellte mir einen riesigen Saal vor, in dem sich Hunderte von strengen, verknöcherten Konkursuntersuchungsbeamten befanden. »Und ich habe eine Geschichte gehört, die ich wirklich amüsant finde. Einer von meinen Kollegen hat sie erzählt.«

Mir gefror das Blut in den Adern. Ich konnte mir gut vorstellen, was für eine Geschichte ein Konkursuntersucher erzählen würde. Doch ich lag schon wieder falsch.

»Ein Mann, der 80 000 Pfund geerbt hatte, war zwei Jahre später plötzlich zahlungsunfähig. Der Konkursuntersucher mußte ihn natürlich fragen, wo das Geld geblieben war. Der Bankrotteur meinte, er wüßte es nicht.

›Sie wissen es sehr gut. Denken Sie nach!‹

Der Mann überlegte und antwortete: ›20 000 Pfund habe ich beim Pferderennen verloren.‹

›Also bleiben noch 60 000 Pfund.‹

Er überlegte weiter. ›20 000 Pfund muß ich für Getränke, Parties und so etwas ausgegeben haben.‹

›Bleiben noch 40 000 Pfund.‹

Er dachte noch einmal angestrengt nach. ›20 000 Pfund habe ich wohl für Frauen ausgegeben.‹

›Nun gut. Und die restlichen 20 000 Pfund?‹

Er zermarterte seinen Kopf, doch ohne Ergebnis. Schließlich sagte er: ›Ich habe keine Ahnung. Die restlichen 20 000 Pfund muß ich wohl verpraßt haben.‹«

Damals hielt ich dies für eine gute Anekdote. Heute weiß ich, daß es sich um eine solide Wirtschaftstheorie handelt.

Um dies alles zu unterstreichen, muß ich noch eine Anekdote zum besten geben, die ich von einem Freund gehört habe, der wiederum mit dem verstorbenen Multimillionär *Charles Clore* befreundet war. *Clore* erzählte von dem Tag, als die chinesischen Kommunisten Schanghai besetzten; das geschah Ende der vierziger Jahre. Bei dieser Gelegenheit beschlagnahmten sie von einem der *Rothschilds* 160 Millionen Dollar.

»160 Millionen Dollar einfach weg, innerhalb eines Tages. Innerhalb einer Stunde, einer Minute.« *Clore* steigerte sich hinein. »Er besaß 160 Millionen Dollar, und im nächsten Augenblick war alles verschwunden.«

Seine Zuhörer schwiegen. Dann fügte er hinzu: »Und das muß man dabei bedenken, das geschah zu einer Zeit, als das Geld noch etwas wert war.«

# Das letzte Wort

*Mark Twain* war ein ausgezeichneter Schriftsteller und ein exzellenter Humorist. In vielen Angelegenheiten hatte er das letzte Wort. Über die Armut schrieb er: »Rechtschaffene Armut ist eine kostbare Perle, auf deren Besitz selbst ein König stolz wäre; ich würde sie jedoch lieber verkaufen.«

Diesmal stimme ich nicht mit ihm überein. Ich weigere mich, sie zu verkaufen. Obwohl ... sollte ich ein *wirklich* verlockendes Angebot bekommen...

*George Mikes*

# Lächelnd lebt's sich leichter

Witz, Satire und Humor aus aller Welt.
192 Seiten, 12 Illustrationen von
Steffen E. Köpf
gebunden

»Mit leichter Hand serviert der ›Weltmeister in Sa-
chen Humor‹ George Mikes ein buntschillerndes
Kaleidoskop der Heiterkeit. Witz, Satire und Humor
aus aller Welt: Menschliches, Allzumenschliches,
Tragikomisches, Absurdes, Komik aus Kindermund,
Sowjetisches und Antisowjetisches, Jiddisches und
Israelitisches – und auch vom lieben Gott ist hier zu
lesen.«
*Offenbach Post*

ECON Verlag, Postfach 9229, 4000 Düsseldorf 1